U0927437

隐忍力

帝王将相与商业巨头等成大事者都必须练就的强大力量

Endurance

苏祺◎著

CNS PUBLISHING & MEDIA 中南出版传媒 | 湖南人民出版社

博集天卷 CS-BOOKY

◆ 常言道，小不忍则乱大谋。在中国传统社会——无论在官场、商场还是在职场中，你都必须隐忍而行，也就是老子的处世哲学里所说的“居善地”“心善渊”“动善时”。所谓的“居善地”就是善于选择自己的位置，明白在什么时候，什么位置对你最合适。“心善渊”，就是心思要藏得深，不能轻易让别人看出来。“动善时”则是说要善于把握行动时机。

◆ 在我们的性格中蕴藏着这样一种强大的力量，这种力量不仅成就了勾践、司马懿、刘邦、朱元璋、雍正、德川家康等帝王领袖，也成就了洛克菲勒、巴菲特、稻盛和夫、李嘉诚等商业巨人。这就是隐忍的力量，它包括“隐”和“忍”两方面。只有具备这样一种内在的力量，才可以成就大事。

◆ 隐忍不是低头屈服，不是无所作为，不是甘于平庸，而是一种含蓄而又内敛的处世方式与做人方法。它是一种谋略、一种气度、一种胸怀、一种品格、一种坚强、一份承担。它需要内心的沉淀，更需要时间的历练。

◆ 司马懿二十多岁时出道，在曹操身边做事，经历三代君主，干了五十多年，到七十多岁才执掌大权。他不仅是天生的表演大师，更能忍常人所不能忍。看司马懿的一生，正如老子所言，只有保持虚空状态，才能不断接受，顺势而变，最终得势。

◆ 商界的巴菲特也是个隐忍大师，在他的投资生涯中，他不断地强调等待的价值和意义。在投资界，没有人比巴菲特更能够耐得住长线考验，从他买入第一只股票的那一天起，他就以隐忍的心态面对股票投资。他的财富神话绝不是一种侥幸。

◆ 当人生进入到一定阶段时，就需要隐忍，需要懂得去迁就他人，也要懂得人与人之间、人与事之间、事与事之间所蕴含的深层道理。正如佛陀在《遗教经》中所说：“能行忍者，乃可名为有力大人。”慈悲之前无敌人，隐忍之人无对手。

◆ 在本书中，作者详细地阐述了隐忍力的概念和它的具体应用，并提出了一个适用于每个人的“隐忍力”训练系统。通过系统的训练，每个人都可以在蛰伏期迅速成长，提升内在能量，学会低调、淡定，练就强大的心理素质，做好全局规划，然后伺机而动，在沉默中超越一切对手。

目 录
CONTENTS

Part 6 懂得规划，控制全局

Part 7 成大事者不拘小节

Part 8 在沉默中超越一切对手

【前言】

成大事者必须拥有的强大力量

苏 祺

虽然无法一概而论，但这个世界大体上是由三类人构成的，他们决定了人类社会的基本结构和生态关系：

第一类人，他们按照已有的规则做事，规规矩矩，从不逾越，接受命运的安排，服从规则的裁定。

第二类人，他们经常违反已有的规则，我行我素，既不遵守旧规，也不另行创造新规。他们是规矩的破坏者。

第三类人，他们制定规则来限定别人怎么做事；面对一切生存规则，能够冷静地洞悉其根本，加以改良，并在观察中积累可以超越的力量。

上述三种分类来自我几十年职业生涯的经验总结，它未必精确，但有上万份的卷宗分析表明，如果你要保卫或突破规则，很有必要研究一下这个分类总结。它可以帮助你对自己进行准确的定位，从而在采取具体行动时，取得不错的效果。

这世界上，80%的人都属于第一类，他们一生循规蹈矩，庸庸碌碌。虽偶有幻想和天真的冲动，但总体来说，他们是规则的服从者，从不奢望有朝一日可一鸣惊人。而大约15%的人通过自己的努力，具备了一定的素质，有能力去违反已有的规则，先在局部的范围内按照自己的意愿做事，最后在某一个领域取得瞩目成就；只有极少数的人（大概5%），他们始终活跃在时代前端，既不断改变自己以适应环境，也有能力改变环境和规则，直到成为规则的制定者和环境的主人。

毋庸置疑，第三类人的数量很少，他们是这个世界上真正的强者，他们都有同一种力量——在我们的性格中其实都蕴藏着这股强大的力量。这种力量不仅成就了勾践、司马懿、刘邦、朱元璋、雍正、德川家康等帝王领袖，也成就了洛克菲勒、巴菲特、稻盛和夫、李嘉诚等商业巨人。这就是隐忍力，它包括“隐”和“忍”两个方面。

越王勾践与司马懿都是历史上数一数二的隐忍型人物。勾践是成语“卧薪尝胆”的主人公。他被吴国的夫差打败后，被迫投降。无奈之下与妻子作为吴王人质，忍辱负重、低声下气地侍奉吴王，甚至亲自品尝吴王的粪便来判断吴王的病情，如此完全打消了吴王的怀疑。而且勾践时刻不忘复国之志，天天睡草席、尝苦胆。后来向吴王献上越姬西施和郑旦，让吴王沉迷宫闱，最后终于击败吴国，一雪旧耻。

司马懿二十多岁出道，在曹操身边做事，经历三代君主，干了五十多年，到七十多岁才执掌大权。他不仅是天生的表演大师，而且能忍常人所不能忍。有个故事是这么说的，早在曹操当政时期，司马懿就得过一次风瘫。曹操得知后不相信，派了一名刺客，深夜闯进司马懿卧室，果然看到司马懿直挺挺地躺在床上。刺客觉得不对劲，于是拿起刀，作势要砍，司马懿还是一动不动，这下刺客相信了。后来证明当时司马懿是装的。他的每一次风瘫都是在有需要的时候就来了。曹爽有一次也想证实一下，便让一个叫李胜的刺史去拜访。司马懿坐在那儿，见李胜进来，想要站起来表示礼貌，但是站不起来，身边的丫鬟把他扶起来。他跟丫鬟说要喝粥，丫鬟就端了碗稀粥来。他端起来喝，哆哆嗦嗦地喝不进嘴，滴落得满身都是。看上去就是一个行将就木的人。李胜对司马懿说，我要到家乡本州去，太傅是国家的栋梁，您病成这个样子，我非常难过。司马懿说，并州那地方跟胡人相邻，您小心一点啊。李胜的眼泪顿时就流下来了，回去跟曹爽说司马懿形神已离，神不附体，不足为虑。不久后，嘉平元年正月，皇帝曹芳出城给先父扫墓。曹爽兄弟也跟着去了，没带多少兵。洛阳城内立刻就“动”起来了。快要“病死”的司马懿骑着一匹马，白髯飘飘，精神矍铄，哪里像是一个风瘫的病人。他直奔皇宫找到郭太后，逼郭太后下诏，称曹爽兄弟居心叵测，危害国家，要将他们废黜。他的装病、示弱，无不体现出强大的心理素质，不但把诸葛亮拖死了，更在最后关头伺机而动，一举将曹魏大权全部夺到自己手里。

常言道，小不忍则乱大谋。在中国传统社会，尤其是在官场、商场、职场中，如果你没有雄厚的背景支持和人脉资源，让你一出生或一起步就如虎添翼，你就必须隐忍而行，也就是老子哲学里所说的“居善地”“心善渊”“动善时”。所谓“居善地”就是善于选择自己的位置，明白在什么时候，什么位置对你最合适；“心善渊”，就是心思要藏得深，不能轻易被别人看出来；“动善时”则是说要善于把握行动的时机。

总的说来，隐忍不是低头屈服，不是无所作为，不是甘于平庸，而是一种含蓄而又内敛的处世方式与做人方法。它是一种谋略、一种气度、一种胸怀、一种品格，更是一种坚强和一份承担。它需要内心的沉淀，更需要时间的历练。

在本书中，我将详细地向您阐述“隐忍力”的概念及其在国内外的具体应用，同时结合国内外的案例，提出一个适合每个人的“隐忍力”训练系统，让你能在蛰伏期迅速成长，提升内在能量，学会低调、淡定，练就强大的心理素质，做好全局规划，然后伺机而动，在沉默中超越一切对手。

Part 1

在蛰伏期的迅速成长

在沉默之中，唯一不可停止的就是“成长”：你应该学习，强壮肌体并强健心灵。不要在乎有一个糟糕的开端，也无须在意现在的工作是什么层次——能否让别人瞧得起并不是最重要的。你是否清楚地定位好了自己未来的发展，并练就了一颗坚强忍耐的心，才是决定你能否突破人生瓶颈的关键因素。

>>> 世界如此复杂，我们必须先学会低头

许多功成名就的优秀人物都曾经历过人生中的灰暗时光，他们的成长期并不像我们后来看到的那样顺风顺水，风光无限。洛克菲勒的第一份工作是在一家会计事务所做簿记员，月薪只有十七美元。如果换成今天的你——当你接到这样一份工作的面试通知时，你可能早就跳了起来，一脸怒气地通知对方的人事经理："立刻滚到离我一万英里的地方，不要来羞辱我的学历！"

许多怀揣梦想的人瞧不上而且不容许自己有任何一个"不顺利的开端"，他们希望迈出的第一步就是伟大且让人瞩目的。

但是洛克菲勒会漫不经心地告诉你，这样一份卑微的工作，他一做就是三年的时间。

强者总有一段不为人知的“沉默时光”，以便积累力量。沉默的同时，更重要的是观察，在足够冷静和理智的状态下，审视自身的弱点。然后拼命地汲取能量，学习各种能力，掌握支配这个世界的各种工具。在沉默的时光中去研究世界，研究人们如何思考，不要急于赚取名利和出人头地。这就是强者的必备素质。

卑微的开始往往意味着：你得到了一个适应和观察底层的机会，这是一段不可多得的宝贵时光。

沉默和隐忍会带给你更多的理性，它可以让你及早发现自己的弱点，即：“我不是全能的，也不是攻无不克的！我尚不成熟，而这个世界非常复杂，所以我必须先学会低头，才能在不久的将来有机会昂首挺胸！”

我与培训机构的合伙人威尔斯先生对于客户的优异品质或糟糕行为的各类见闻，如今加起来足有几大车之多了。我们既见过冲动自大的合作者，也遇见过一些真正的强势人物。这些人物是我们想着重向您推荐的。他们并非强大在自己的声势和力量上，事实上恰恰相反，他们看上去很弱，多数都有一段不显眼的经历，长相普通，穿着也一般。当他们中的一些人第一次出现在我面前时，我甚至以为对方是这栋高楼的物业工作人员。但是，他们每个人都取得了让人艳羡的成功，拥有强大的能量。

如果你让我说出这类人的共同点，那就是在获得事业的突破之前，都有一段隐秘和沉默的历史。

托克是纽约一家科技公司的总裁，四十岁之前他还是默默无闻的普通人，虽不至于一贫如洗，但他的收入算不上中产阶层。他毕业于美国一所普通的大学，还有人怀疑他的学历是伪造的，因为他在去波音公司面试时因无法证明学历的真实性而被拒之门外。据说连孩子读大学的学费，他都要向朋友张口。这就是他持续了十几年的生活。

但在四十一岁那年，一夜之间他就成为了百万富翁，拥有了一家超过五十名员工的公司。

他突然就成功了！这个让人嫉妒的秘密是什么？

我们曾经替托克进行市场和广告营销，为他联络传媒巨头，替他的产品打响知名度，并开展融资方面的合作。然后，我了解到他在做公司之前所做过的一些事情。

就在他三十岁那年，他向美国国会议员提交了一份政策建议，并试图与IBM公司的市场部门进行沟通，寻找利益契合点，期望建立合作关系。这时他只是一个穷光蛋，朋友劝他不要做这样的无用功，而是应努力赚钱，找一份稳定的工作。

当他三十五岁的时候，他已经完全了解了自己将要投身的行业。他的梦想是进军全球科技市场，成立一家有实力与那些大公司抗衡的科技公司。他没有钱，所以没有采取激进的行动。他十分清楚自己的第一步需要做什么以及怎么去做。于是，他凭借无比坚忍的毅力，在长达五年的时间内，默默地积累了无数人脉和其他可用的丰富资源，包括对市场所做的充分调查。

他做的这一切，甚至连邻居都不知情，他是一个低调而诚实的人——当然现在他也同样如此。他看起来没有一点雄心壮志。就算你怂恿他："嘿，托克，我们拿出二十万美元买进苹果股票吧，这正是你擅长的行业！”他都会思考很长时间，然后告诉你：“不，我没有这个实力，对此我什么都不能做，抱歉。”

托克对我说：“我十分清楚，自己在某些时段不能做什么和可以做什么。我像一只晚飞的鸟儿，错过了许多好时光，这是毫无疑问的。但我如果早早地飞上那么几年，说不定就已经精疲力竭，从天空跌落，饿死在山林中了。”

他成功的秘密就是在恰当的时候做了最应该做的事，如果形势需要他像狗一样趴在地上，把灵魂和身体都藏起来，变得比市井中最普通的人都更加默默无闻，他会毫不犹豫地去这么做；而当需要他站起来进行冲锋时，他瞬间就能抛开压在身上的石头，像敏捷的猎豹一样冲在最前面。

现在，他已经是IBM公司的固定大客户之一，成了美国科技市场的新贵。

谁还记得他在四十一岁之前的历史呢？已经无人在乎了！

就我个人来说，托克的经历让我感觉似曾相识。我成长在一个并不富裕的家庭，全家几口人，每年只有不到一万元人民币的收入。这在当时的国内勉强能维持温饱。所以我从小就期待着通过自己的努力改变命运，虽然后来的结果并不理想。

“你这一辈子完了！”当我二十岁的时候，我心中出现过这样的哀叹。随着时间的流逝和年龄的增加，我开始工作，然后看着当年的伙伴和昔日的同学一个个过上优越的生活，他们的事业也好像非常顺利。几乎每个人都会在心里觉得别人比自己过得好——“你看，他们做得风生水起，而我依然是被忽视的那一个。”记得当时我领着很少的薪水，这样的情况持续了几年时间。但我知道，属于我的时机还没到。因此，我调整好自己的心态，没有被那种难以形容的痛苦击溃。而许多人由于无法接受命运的安排，急于改变现状而使得自己的处境变得更加糟糕。

他们不想隐忍，所以只能更加失败。

在沉默之中，唯一不可停止的就是“成长”：你应该学习，强壮肌体并强健心灵。不要在乎有一个糟糕的开端，也无须在意现在的工作是什么层次——能否让别人瞧得起并不是最重要的。你是否清楚地定位好了自己未来的发展，并练就了一颗坚强忍耐的心，才是决定你能否突破人生瓶颈的关键因素。

你想成为像托克那样的人吗?

我相信，几乎所有的人都会回答“Yes”而不是“No”。那么，从现在开始，你就必须扔掉所有不切实际的幻想，使自己具备强大的隐忍力——这种力量不但来源于内心，同时还是外界的复杂环境“逼迫”我们做出的反应。当你懂得“不得不沉默”的意义时，你也就拥有了改变明天命运的强大力量。

>>> 隐忍是手段，而不是目的

隐忍力无比强大的人，大多都是生活中的蛰伏者，并且都有一种在事情未见明朗之前暂时蛰伏的心态，而不是总急于冲在最前端，去承担最大的风险。

生活并不总是顺利的，这是人所共知的事实。所以，一厢情愿地认为自己只要抱着一腔热血，就能实现抱负，无异于痴人说梦。因此，我才会在潜能培训的讲座中不断地告诫人们："能让自己蹲下的人，才是最强大和难以战胜的。"

蹲下来，就能躲避危险，给自己创造观察和判断的机会。反之，一味地站立在高处，看似意气风发，却可能死无葬身之地。

也就是说，当形势不利于你时，你要能像一只小虫子那样在草丛中蛰伏下来，积聚能量，伺机行动，而非盲目向前，成为狂风巨浪之中替人探路的牺牲品。

刚到美国的那两三个月，是我人生最黑暗的时期。那时候我正处于人生的困惑时期，理想与现实产生了强烈的矛盾。我带着远大的志向从国内来到大洋彼岸，却发现这里的很多事情都不符合我出国之前的想象，比如这里并非黄金遍地、机会俯拾即是。相反，在美国，对于生存的要求更高了，绝对没有任何人情或者侥幸可言。在国内，你出了问题，遇到了麻烦，可以向亲友求助，向朋友开口，你的身边有一个庞大的圈子能够帮助你。但在美国，你可能除了自己之外，一无所有。

这些因素的客观存在，让很多刚到这里的人的美国梦都破碎了。

我幻想着能找到一份体面的工作，大展宏图，结果却是住在黑人群居的地下室，在超市给人送货；我希望尽快施展我的计划，比如在广告行业大展身手，却连起家的本钱都没有，随着时间推移，能够出人头地的概率也越来越小。

在看似有多种选择的同时，我的内心又有着无尽的困惑与烦恼。独自面对一件事的时候，我也常常感觉到畏惧，不知应该如何是好。“这件事该怎么办？究竟应该奋力一搏，还是应该暂时忍耐？”这样的痛苦无时无刻不包围着我。我也没有多少经验可借鉴，而且看起来找不到什么门路。

幸运的是，我的犹豫不决没有持续太长的时间。到达洛杉矶的两周之后，我接受了“现实”，决心成为一个合格的超市送货工。然后在失业的时候，我又平静地去找了一份餐馆服务员的工作……如此直到新的机会到来，我遇到了合伙人威尔斯，还有最重要的资金支持者莱特。

我们一拍即合，迅速就未来的事业达成了共识。在这一段时间里的蛰伏和忍耐，帮助我练就了足够的耐性和冷静。当我畅谈计划时，莱特和威尔斯从我身上看到的是“最大的成功机会”，而不是坐立不安的浮躁和天真可笑的幼稚。

一名合格的“蛰伏者”，在他的身上，我们一定会发现下面的三个特征：

1. 他必须有远大的理想。一个没有什么理想的人，蛰伏对他来说就失去了意义，因为他站着和蹲下没有什么区别。

2. 他必须能够迫于现实的需要做出务实的选择。现实不容许你高调，当你实力不足时，有些困难当下还无法战胜，那就只好隐藏实力，暗中积蓄反弹的力量，就像勾践一样。

3. 他必须将当前的隐忍作为一种手段，而不是最终的目标。蛰伏必须是暂时的忍让和低调，不可能永远地将自己埋没。比如朱元璋的"高筑墙，广积粮，缓称王"，无疑就是一种非常高明的蛰伏战略——其重点在于一个"缓"字，而不是"不称王"。

这说明，一个人想要"蛰伏"，也是需要资本的。并非每个人都可以随随便便地去做成一件事，也不是谁都能蛰伏一段时期后就成了一个顶天立地的巨人，就可以建功立业了。否则，全世界到处都是洛克菲勒和比尔·盖茨。

你只有正确地审视自己的内心，树立理想，并清醒地分析自己的现状，才能为自己制订一份正确和明智的"隐忍计划"。

>>> 拒绝外界的诱惑，关注内在的提升

一个善于隐忍和积累实力的人，当他缩起脑袋向外观望时，往往表现得像一只弱小的乌龟。对于人们的鄙视和不屑，他们会呈现出一种近乎麻木的姿态，毫不在乎外界的种种非议和诱惑，也不计较一时的输赢。在很长的一段时间里，他都会躲在壳里面等待时机。即使有再大的诱惑，他也不会伸出脑袋，因为他期待的时机还未真正到来。

只要他的能力还不足以让他一鸣惊人，他就会耐心地做一名等待者。在此时期内，用充足的时间，让自己的内心变得更强大，能力变得更加突出。

经过了长时间的观望和潜心修炼，他慢慢地变得成熟，然后一旦有机会，他就将破壳而出、一鸣惊人了。这个过程看起来有些无

聊和枯燥，其实它是一个必不可少的提升内在的人生阶段。

中国历史上赫赫有名的越王勾践，就是一名著名的蛰伏者。作为一个失败的诸侯国君主，为了复国，他忍辱负重、卧薪尝胆，甚至不惜屈尊去服侍强大的吴王，还进献了美女西施。勾践抵达吴都后，吴王夫差有意羞辱他，将这位一国之主囚禁在一个石室里，更让他住在自己的父亲阖闾的坟前，为其守墓喂马。

夫差骑马出门时，故意让勾践牵马在国人面前走过，这无疑是更大的羞辱。遇到这样的侮辱，十个国君会有九个选择自杀，但是勾践表现得与众不同，他就像一只恭顺的乌龟那样对此毫无怨言。他自称贱臣，对吴王执礼极恭，吃粗粮、睡马房、服苦役，表现得甚至超过了夫差手下的仆役。

当夫差生病时，勾践毕恭毕敬地前去问候，还俯身去品尝吴王的粪便，以诊断吴王的病情，没有任何的抱怨。凭借着强大的隐忍力，勾践将自己的一切欲望降到了最低点，使得夫差相信他确实已经真心臣服。

最后，夫差大发善心，力排众议，释放勾践夫妇和范蠡回国了。

逃出生天，是勾践达到的第一个目的，这是极限的隐忍带给他的第一个回报。回国后，他就发誓复国，报仇雪恨。但第二个问题来了：越国的实力太弱，还不是吴国的对手。为了防止自己再度被安逸的生活消磨了斗志，勾践将干柴草当作被褥，在饭桌上方悬挂了一个苦胆。每次吃饭前，都要先尝尝苦胆的味道，时刻提醒自己莫忘国耻。

过了几年，越国的实力变得空前强大，机会终于来临。勾践果断地发兵伐吴，一举灭掉了吴国，称霸东南。

在漫长的蛰伏过程中，勾践展现出了超强的忍耐力和深远的谋略能力。他的隐忍并不单纯体现在忍辱负重的举动上，而是在极端困苦的情况下，冷静地等待时机，修炼自己的毅力，观察时机，判断形势，客观分析当前的局面。

他知道，现实条件还不允许他有任何作为，当时越国的国力也不容许他采取任何激进和冒险的策略。因此，他唯一的选择就是伏下头来，跪在地上，“先做奴隶，再做主人”。

这是蛰伏者最重要的任务，也往往是一个必经的阶段。抵拒外界的诱惑，关注内在的提升，充实心灵，储备潜能。一个现实的“弱者”只有经过了这一个阶段，才有向强者挑战的资格，否则根本没有胜算。

>>> 在蛰伏的时候，最要紧的事情是什么

在蛰伏的时候，最要紧的事情是什么呢?

首先，不是趴下来躲避那些明枪暗箭，也并非什么都不做，一味地袖手旁观，而是积累你的资历、能力和见识，使自己迅速地得到实际性的成长。

其次，将全部的精力用于资本的积蓄和经验的增加。此时就像身处暗夜森林，前方的路途不明，身边遍布危机。有些自以为勇敢的人这时可能会挺身而出，无畏地向着一个方向冲杀过去，以为这

样就能战胜眼前的困难，冲破黑暗，杀出一条血路。殊不知，这样做最可能发生的事情就是，你还没走出两步，就被野兽吃掉或被猎人一枪打死，抑或掉进陷阱。唯一正确的选择就是趴下来，保存体力，分析和思考目前的形势和自己所处的环境，继而在冷静的状态下制订下一步的计划。

巴菲特就是这样一位经典的蛰伏者与金融世界最终的征服者。他的蛰伏与勾践忍辱负重的蛰伏是有所不同的。他自幼衣食无忧，人生从一开始就并未遇到太多的不如意。他本可以在无数的机遇面前大干一场，却选择了静悄悄地专注于自己的长远目标，不断地积累资本和实力。

因为他更冷静，在无须隐忍的时候仍旧致力于强化自己的意志，努力提升自身实力，尽量把握全局，最终获得了更多。他能够以合理的投入取得最大化的收益。尤其是在他长久持有一只股票时，面对市场的价格波动，依然保持内心的平静，体现出面对短期利益诱惑应有的理性。

通常在公司成立的初期，我们会遇到“天大的麻烦”。一个华人在美国创业，尤其是一个资金微薄的中国人，很难避免这些痛苦的过程。显然，我们没有多少钱，与强手抗衡的结果，只有一个字：死。我们在跟大公司竞争、争取项目时，花掉了数不清的时间、精力和公关费用，却换不来一份真正的合约。

有些生意看着回报很高，比如我在做广告公司时，曾经与著名的奥美广告竞争索尼公司的电器广告合同，谈判和公关持续了接近四个月，花掉了十八万美元，最后却一无所获，眼睁睁地看着对手得到合约，笑着离开。

我们召开了股东会议，对此危急的情况，我说："有些项目，我们应该及时放弃，应该做出一个明智的决定。"

莱特耸耸肩说："不，我不担心钱，我可以再去弄钱。"

威尔斯也说："老大，我们现在的资金情况还可以支持，并没到破产的边缘，为什么您这就选择认输？"

"这不是认输，亲爱的兄弟。我们必须沿着最适合公司现阶段目标的路线前进，我们的目标是什么呢？不是击败那些具有几十年甚至上百年历史的伟大公司，而是让自己慢慢拥有跟他们一比高下的本钱。我们要积累资本，培养人才，逐步壮大。如果刚起步就被强手击败了，我们连将来跟他们竞争的机会都没有。"

这次会议开了足有五个小时，我们三个主要合伙人跟十几名小股东激烈争论，彼此坦诚相对并认真地寻找对策，然后我们做出了以下决定。在后来的岁月里，我们称之为"成长公约"：

追逐利润之前，先计算风险。

现金增长永远都是最重要的，它在本公司大于一切，哪怕只有1%。

诚信和低调是我们的信仰，这比赢得一份一百亿的合同重要一万倍。

在公司前两年的发展中，我们每个人都严格地遵守这份公约，集中精力于那些赚钱不多但风险最小的业务，力求每一笔生意都稳赚不赔。我们一度将利润率控制在了6%这样一个非常低的水平上，要知道，对于广告公司来说，这几乎是不可忍受的低利润率。

但是，这期间最大的成就是我们从来没有损失过一分钱，而是像滚雪球一样，稳扎稳打地成功完成了最初的资本积累。

>>> “隐”和“忍”的艺术

>> 一个想做大事的人，就必须隐藏他的锋芒

如果你认真观察狼在草原上的捕猎，你一定会惊诧于它的耐力。可能你在观察的过程中因为疲惫而睡着了好几次，狼却仍然是清醒的，它的注意力依然高度集中，它隐藏自己的姿势依然不会有任何松懈。为了获得食物，它不知疲倦地耐心守候，其超强的忍耐力不得不令人赞叹。

它隐藏自己的锋芒，只为了等待一个全力出击的最佳机会。

狼的这种品质值得人去学习。无论你有多么强的能力，哪怕你是天才，如果没有足够的耐性收敛自己的锋芒，在最佳机遇到来前低调隐忍，都很容易为自己招来危险与敌人。

辅佐刘邦建立汉朝的韩信是中国历史上的军事天才。他年轻时是一个默默无闻的人，虽然有才华，但没有名气和地位，也没有人赏识他。曾经有一个无赖当众羞辱他，用高傲的口吻挑衅道：“你个头挺高，还带着把剑，可我看你就是一个软弱之人，不信你拿剑来刺我吧；如果你不敢，就乖乖地从我胯下爬过去。”

这时韩信的内心肯定有过激烈的挣扎，以他的剑术，杀掉眼前

的这个无赖易如反掌，但是杀掉之后呢？以他的社会地位，他肯定会惹上官司，被官府捉去偿命。如果当时他一时冲动，真的这样做了，也就没有史上那个上演十面埋伏、成功击败项羽的淮阴侯了。

最终，韩信选择了“服软”，毫无脾气地从无赖的胯下钻了过去，还笑嘻嘻地对这个家伙赔笑，请求对方的宽恕。

围观者发出了肆意的嘲笑，无赖得意忘形地走开了。在残酷的现实面前，胸怀大志的韩信选择了忍，默默地将锋芒隐于心中。因为他很清楚，当时爆发，只是在逞匹夫之勇。

在自身实力还不够强大且机会未到时，一个想做大事的人，就必须隐藏他的锋芒。

那些初涉职场的大学生很喜欢质疑自己身处的环境，找不到一份好工作，就觉得全世界的老板都是无情的资本家，到处都是与自己作对的人，但从不反省自身。他们最缺乏的正是韩信这样的忍耐力，以及面对现实时必要的隐忍和冷静。

有的人受到上司的几句批评便牢骚满腹，看到周围的同事加薪晋升，而自己什么也没有，就怨天尤人。还有的人随时准备着一份辞职书，稍有不满就递交上司，满不在乎地潇洒离开。

这样的人能成大器吗？怎么可能呢！

真正的强者必然是懂得收敛锋芒的人。他们要与韩信一样，外圆内方，绵里藏针。在事业的起步期，对环境还不够熟悉时，将自己的棱角隐藏起来。流水和石头相比，能轻易穿过任何缝隙，就是因为水是至柔至软的，可以任意改变自己的形状；石头却因为自身的刚硬和棱角，无法像水一样流动，只能待在原地。

像水一样伏地而流，这样的处世技巧才能使他人对你无计可施，即便是强行对你发起攻击，试图从你的手中争夺利益，也因为没有着力点而毫无效用。而当你的实力壮大以后，只需要伺机轻轻一击，便足以使你的竞争对手遭受重创了。

作为一个真正优秀的职场人士，你应该做的事情，就是学会这种技巧。假如你想在工作中突破重围，就要懂得先把脑袋低下，而不是站得很高，甚至上蹿下跳，生怕别人看不见你。

不少人自认为能力出众，理应得到重用，却只能眼睁睁地看着那些能力不如自己的人做了上司，拿着比自己高出很多的薪水。此时，他们的心里就不平衡了："那个胖子凭什么高高在上？他的本事有我的一半吗？不，我不能跟这种货色待在同一家公司，我要做点什么，让老板知道我的厉害！"这么一想，他再也压抑不住内心的愤懑，毅然决然地递上了辞职报告。可能临走的时候，他还会把这些"问题"向老板陈述一番。

说完之后，他会甩手走出大门，一边走一边大声对同事说："看到没，这个环境待下去真没意思，我脱离苦海了，你们却还要待在这里！"这真的是一个不需要负责任的借口。可怕而又无法回避的是，同样的借口仍在世界各地不同的公司中被使用着。

当然，看起来，炒掉老板的行为给他们带来难以言说的美妙快感，看起来何等恣意和潇洒，展现出的是一个人显露锋芒、我行我素的形象。然而，短暂的快意之后却要面对沉重的代价：我该何去何从呢？

他们在新的迷茫下又开始了焦躁不安，心态始终无法平静。既然如此，当时蛰伏起来等待机会，何尝不是一个明智的选择呢？忍不了一时，就得忍一世。甚至可以说，许多伟大的成功，恰恰是忍了很久才最终等到了天赐良机，迎来了厚积薄发的机遇。就像明代良相徐阶在权臣严嵩手下的隐忍。严嵩在倒台时曾无比感慨地对徐阶说："二十年来，在我手里倒下的人太多了，你做我的副手，能熬到我倒下，真不容易。"仅此一句，就佐证了徐阶的隐忍力是多么强悍！

老板的每一项人事安排一般都是在考虑到诸多因素后做出的。公司给某一员工更高的薪水也有其特定的原因。这是放诸四海皆准的道理，但有时做下属的并不一定能有这样的智商和情商，站在老板的角度思考背后真正的原因，所以他们才会觉得自己无法再忍，不能容忍，以至非得拍案而起。

如果你具备了过硬的能力、骄人的业绩，老板定会对你另眼相看，不会一直亏待你的。老板请人来正是为了替自己赚钱，你有这本事，没有老板会忽视你的存在。老板聘请员工绝不是单纯地为他发工资，而是以工资为交换条件获取他的工作成果。这又是另一条放诸四海皆准的道理。但许多人天真地认为，老板把员工请进公司，是为了人事争斗，是要"整我"而不是重用我。所以他们忍受不了一点委屈，有点风吹草动，就联想到阴谋权术和后宫争斗。

显然，这是不少年轻的创业者和工薪阶层的心理通病，他们对世事缺乏洞察力，并不知道何时要隐忍，何时要展示才华。只有自己的能力在工作中得到了提升，创造了更多的工作成果，相应的回报才会到来。在此之前，你所有的牢骚、愤慨乃至跳槽都是徒劳的，与其那样做，倒不如多一点耐心和毅力，静静地蛰伏起来，完善自我，等待那个最适宜的机会。

美国南北战争时期，有一位叫高尔顿的将军很有军事才干，可是他毫无城府，经常口无遮拦，爱“放大炮”，不但使上司颇为难堪，自己也失去了不少人缘，被同事们称为“军队内部的战争贩子”。

有一年，高尔顿到斯科菲尔德军营观看演习，他对这次演习非常不满，就直接向指挥官递交了一份措辞激烈的意见书。他的这种做法是军队的纪律所不允许的，因为他只是一名少将，无权指责一名中将指挥官。他也因此招致了上司的非议和怨恨。

但高尔顿并未吸取教训。第二年，在观看了一场战术演习后，他又一次递交意见书去指责指挥官和相关人员训练不当，准备不足，没有达到预期的效果。虽然这次他很明智地请副官代替自己签了名，但其他军官心里很清楚，知道又是他搞的鬼，所以联合起来一致声讨他。

众怒难犯，指挥官没有办法，只好把这位爱“放大炮”的高尔顿从少将的位置上撤下来。

你的才华可能的确非常出众，但如果你丝毫不懂得收敛，就可能给自己带来负面的影响，在社会上也是很难立足的。比如明代的官员海瑞，怀着一颗忧国忧民之心，处处挑起事端，最后却因为无人愿意与他共事，失去了发挥才干的平台。一个人在适当的地方和时间崭露锋芒是正常的，但他应该认清形势，不要不分时间和场合，要懂得适时地隐藏自己，同时要知道：有时候，自己的看法不一定就是正确的，要尊重别人的观点和体会，要学会融入环境，才有可能最终改变环境。

一个人如果处处都锋芒毕露，就很容易得罪他人，为自己的前进制造本可避免的阻力。这种阻力很有可能是来自多方面的，会让你分散精力，从而使你难以达到预期的目标。

狼为了猎物可以用极大的耐性隐藏自己，以便展开凌厉的攻击，你为什么做不到呢？如果受不了委屈，也就承受不起荣誉。看看这个世界，有多少伟大的成功者，他们为了达到最终的目的，在漫长的岁月里隐藏起自己的锋芒，直到成功之日，才将所有的光芒尽情释放。

无论实现理想的道路上有多少障碍险阻，都要坚持信念并控制自己的意志。这是强者应该遵守的最基本的信条。

不然，你看吧！很多半路落马的人都是败于"蠢蠢欲动"的炫耀，为了短暂的掌声，他们将自己所有的情绪、目的和不成熟置于众人的"评判"下。然而，在未取得成绩之前，所有的眼泪都是廉价的，要想成为大赢家，只有学会"忍气吞声"，把脑袋埋于壳中，同时不忘看清前进的道路，才会最终走向成功。

你可以在必要的时候帮助下属立功，自己躲在幕后。这无疑是广得人心的高明手段。

每一名作为下属的普通员工，都希望被提携或是得到一个表现的机会。作为他们的上司，你应与下属主动亲近，给予他们机会。你要懂得如何激励手下，发挥他们的才华，使他们更愿意投入工作，获得成就。你要适当地收起自己的光芒，给他们表现的空间，展示自己博大的胸襟。

我们个人的功劳要与团队分享，而不是自私地将之占为己有。

一个人有了功劳当然是好事，这说明你的工作能力很强。但是，如果你愿意与团队共同分享，这对你将更有益处。聪明的管理者都懂得利益不要独占的道理，不论多大的功劳，他们都喜欢说一句话："这是大家共同努力的结果，谢谢你们。"而不是："离开我，公司就没办法活了。"相比前者，后者的锋芒的确很亮眼，让人不敢直视。可是，敢说出这种话的人，下场一般都不会太美妙。

>> 在机会到来之前，你要先沉住气

"在机会到来之前，请你忍耐，忍耐，再忍耐一会儿。"

在我失去方向时，威尔斯给我发了一封邮件，在信中他这样写道。他没有谈论具体的业务和将来应如何发展，只是希望我保持良好的心态。强者能够脱颖而出，并不是他们能闯能冲，而是他们普遍都能够在机会还没出现时，让自己处于一种安静和蓄力的状态，甚至让竞争对手忽略了他的存在。

耐心，是一切伟大人物共同具备的优秀品质。就算他失去一个黄金机会，也不会沉溺在无尽的叹息和懊悔之中。因为一个机会的失去，并不是真正意义上的失败，只是这一次没有拥有而已。

弥补的办法只有一个，那就是静心寻找下一个机会，然后牢牢地把握住。

迈凯轮车手米卡·哈基宁在1998年度和1999年度蝉联了世界冠军，他给自己的同乡雷克南提了一个建议：“你必须从失败的阴影中走出来，并且想办法避免类似情形再度发生。”

雷克南在2003年度几乎摸到了冠军的奖杯，却输给了风头正劲的舒马赫。而到了2005年度的赛季，他又失利了，这次的原因是赛车的性能不稳定。

“我要怎么办？”雷克南十分迷惑，他越是想得到胜利，胜利就越是离他远去，他的付出和冲锋仿佛每次都在逆流而行，不停地打击他的自信。

哈基宁拿自己做例子来解释这种迷局：如果积分在越来越有利的情况下突然出现了停滞，就像打桥牌一样，你会面临得失之间的痛苦抉择。这时候你应首先让自己的内心安静下来，不要总想着冠军的事，而是要集中注意力，甚至可以将车速降下来，然后去获得同事最大的支持，事情才会朝好的方向发展。当你冷静下来并开始表现良好时，你的机会就来了。

哈基宁提到了心态的冷静，这正是面临机会时最重要的个人素质。一个心态浮躁的人，一定会在浮躁中迷失自我；一个总是怨声载道的人，则注定会消失在抱怨的世界里。幸好，我个人在最困难的时候没有长时间抱怨，而是与同事共同寻找方法，努力解决问题，然后一起等待机会。这样的好习惯使我的公司没有像他人的那样早早地倒下。我们取得了一个又一个的成功，克服了一个又一个的困难，然后心态越来越沉稳，从而赢得了更好的机会。

因此，这十几年里，我一直很感谢曾经发生的一切，那些人和那些事，复杂的环境和冷静的应对，都让我可以更加从容地面对人生。在机会面前我从来没有丧失过理智，这是我之所以会成功的主要原因。

在机会到来之前的忍耐和蛰伏，不仅要着力于增加个人的知识和技能，更要不断审视自我，使自己完成从价值观到实际能力的一系列蜕变。这些实质性的蜕变，会使你超越知识的积累，超越表面行为和个人素质的提升，寻找到内心深处的原动力。

一个人成功的核心在于：他可以在心灵的平静中寻找到“真我”，梳理清楚自己的人生意义以及自己独有的天分，让自己的外在行为与内在的核心目的保持高度的一致。

在真正的机会到来之前，我们需要问自己以下几个看似简单的问题：

我是谁？

我的人生目标是什么？

我如何才能创造出特有的价值？

通过这种重复的追问与探索，我们才能逐渐找到真正的答案。

千万不要轻视这几个问题，在当下这个快速发展和高度竞争的物质社会中，在大环境的浮躁氛围之下，我们必须承认，只有极少数的人能清楚地回答它们。而绝大多数人混混沌沌地生活在他人的价值评判体系中，失去了心灵的“真我”，不明白自己到底在追寻什么，却又一直拼命地向前冲锋。

所有具备影响世界的力量的人都有一个共同点：他们的工作和

生活充满了意义，他们因热爱并享受工作而更加努力；他们从不在意机会何时到来，而是努力使自己生活得平静，关注健康的心态胜过关注眼前的利益。因此，他们更容易获得成功。

也就是说，他们更明白自己为何而生，为何而奋斗。正因为他们找到了生命的核心目的，前进的道路上仿佛多了指南针，指引他们向正确的方向投入自己的时间和精力，然后下定决心并一步步地展开有效的行动。

一个人找到自己生命的核心目的并不困难。在没有机会的时候，你不要总是抱怨并停下脚步，而是应不断地审视自我，弄清楚自己的核心才能和核心价值观。那些使得你与众不同的才华，就是你的核心才能。你要明白自己生命中最重要的事情是什么，进而找到核心价值观。然后，你应去寻找核心价值观与核心才能的交集，这个交集就是你人生的核心目的。

一个人一旦找到了自己的核心目的，他的潜能就将得到最大程度的释放。目标越高，潜能就会发挥得越充分，你也就可以冷静地把握机遇，不会与它擦肩而过。从此，你的人生将抵达一个新的高度，以惊人的精神力量和更强烈的自我意识，实现由内到外的自我超越。

在机会到来之前，你要先审视自己，修炼自身，才能最大限度地调动潜能。

在机会到来之前，你要先沉住气，蓄势待发，才有可能跃上更高的平台。

>> 最重要的不是经验和收益，而是你的态度和眼光

如果你是一名正准备求职的大学毕业生，那么请你告诉我：从学校的大门到公司的大门有多远？

很多人会立刻回答我：一点也不远，只是工作经验在中间构成了一个天然的障碍而已。

还有人会说：我认为是工资和机会的多少，如果薪水让我满意，我很乐意去任何一家公司工作。

我对他们的回答往往是，最重要的不是工作经验和这些看得见的收益，而是你的态度，还有你的眼光。

对待利益的心态决定了我们能走多远，以及我们达成目标的速度。

我有一位朋友是国内一家大型科技公司的老总，他对我介绍道：“现在许多大学生在应聘工作时，非常在意工资待遇和职位高低等问题，斤斤计较于眼前的利益，却从不考虑自己的能力到底离这个岗位有多远。对于锻炼自己并增强自己的能力，着眼于五年后的眼光，他们是十分缺乏的。”

追求利益是每一个人的天性，可是利益有远近和大小之分。大部分情况下，眼前的利益并不是最大的，通常也不是最好的。因为人们第一眼看到的，通常都是树上掉下来的熟透的苹果，它们虽然个头大，口感却不好。最好的苹果往往挂在最高的树枝上，藏在厚厚的树叶后。遗憾的是，很多人看不到，也不愿费劲爬上去。因为这意味着他们要牺牲眼前的利益——就在脚下的苹果不能捡了，反

而要费很大的劲爬上树，说不定还会从树上摔下来。诱惑背后的风险是人们所不想承担的。

可是，只有那些愿意端正态度，并将眼光延伸到五年之后的人，才能获得更多。正是心态与眼光的不同，将人们区分成了失败者和成功者两个阵营。在现实社会中，眼光短浅的人往往只能为眼光长远的人打工。就因为在短期的利益诱惑面前，他们轻易地缴械投降，所以虽然也能做到有饭吃、有钱花，但往往吃不好，钱也不够花，更多的欲望难以得到满足。

无论是我朋友提到的现象，还是我的亲身经历，都说明了一个问题：大部分人尤其是年轻人，他们不懂得隐忍，他们只关心距自身直径五米之内的事情，为了一些微小的利益斤斤计较，从而构成了一个眼光短浅的阶层。

在纽约的时候，我有机会拜访了一位成就斐然的年轻人，他是一家大酒店的老板。一开始，我丝毫没有看出他有什么特殊才能，直到他讲述了自己被提拔的传奇经历之后，我才明白了事情的原委。

“几年前，我还是一家路边简陋旅店的临时员工，根本就没有什么发展的前途可言。”他回忆道，“一个寒冷的冬天，半夜里忽然雷电交加。我听到楼上有滴答的水声，仔细一看才发现，之前一直没有整修的那间经理办公室又在漏水了。雨下得很大，员工宿舍的其他同事都被雨声吵醒了，但是似乎没有人愿意睁开眼睛去看一眼那个烂摊子。我被强烈的责任感驱使着，赶紧穿好了衣服前去查看。漏雨的地方正对着经理的办公桌，桌上已经有很多文件被雨水打湿了，幸好并不严重。我从洗衣房找来了一张塑料布，蒙在了桌子上，确保一切都没问题之后才离开。

“第二天上班后，经理召集了所有的员工开早会。他没有任何表情地说道，他的办公室昨天有人闯入了。我简直吓坏了，所有人都沉默着不说话，经理似乎在等待着有人站出来承认。我认为自己没有做错任何事情，于是小心翼翼地站了出来。我看到所有人都用诧异的眼神看着我，似乎我干了什么坏事。

“可是接下来，经理忽然欣慰地笑了起来。他告诉所有人，我从今天开始正式升为主管，因为我的责任心和担当，保护了一份很重要的文件。他说酒店里正是缺乏这样的人才。

“正是这样一个不起眼的举动成就了今天的我，在此后的时间里，我时刻谨记：做人做事的态度永远大于利益的得失。”

当你为了一些很小的利益斤斤计较时，虽然动机并不坏，但久而久之它会变成一种很不好的习惯，使你以利益作为取舍的首要标准，有时候甚至为了计较而计较。久而久之，会使一个人的心胸变得越来越狭隘，成为一个至少在别人看来是比较自私自利的人。长远来看，这一定会扼杀你的谋划力、创造力以及责任心。

有一个小伙子，他非常羡慕一个成功者的成就，觉得这个人功成名就，很是威风，于是他跑到对方那里询问成功的秘密。

成功者在知晓小伙子的来意后，什么也没有说，转身从冰箱里抱出一个大西瓜。正当小伙子困惑不解时，只见成功者将西瓜切成了大小不等的三块。

西瓜切好以后，成功者把西瓜放在小伙子面前，说：“如果每块西瓜代表一定程度的利益，你将选择哪一块？”

“当然是最大的那块！”小伙子的回答很干脆，眼睛紧紧盯着最大的那块。

成功者淡然一笑：“那好，请用吧！”

成功者将最大的那块西瓜递给小伙子，自己拿起最小的那块吃了起来。正当小伙子还在享用最大的那一块的时候，成功者把最小的那一块吃完了。紧接着，成功者拿起剩下的一块，得意地在小伙子眼前晃了晃，然后不紧不慢地吃了起来。这两块西瓜加起来，其实远比最大的那一块大。

此时，这个人终于明白了成功者的教诲：他所吃的那两块分开来看都没自己的大，但总量更大。也就是说，成功者赢得的实际利益比自己多很多。学会放弃和牺牲眼前的小利，才能获得长远的大利，这就是隐忍的目的和真正的成功之道！

正如同巴菲特谈到自己的投资之道时说的：“我看好一只股票，就不会去计较它短期的价格，我会在五年后再来谈它的价值。当你们看到它的价格跌得很惨，随时可能崩盘时，我看到的却是它的潜力很大，几年后，它有希望将这种潜力变成事实。所以这是我的投资策略，而不是你的。”

>>> 绕开致命的误区：一定要清楚自己要“隐”什么，在“忍”什么

在“潜能控制”课程的培训中，我们经常发现，很多人对于

"隐忍"的理解大多都是隐忍不发和忍辱负重之类的。他们觉得，有些事情自己无法改变，就不用去痴心妄想了。他们奉行的隐忍精神，其实就是"大丈夫能屈能伸""退一步海阔天空"那一套。

隐忍之道在中国是由来已久的做人和做事的智慧，古代隐者追求的是一种天然的隐忍境界，他们淡泊名利，无欲无求。究其根本，是对于内心的一种控制，通过控制欲望和情绪，来调节自己做人的方式和做事的节奏。

这不是强制性的自我控制，而是一种自我克制力的修炼，在清醒认识自己实力的基础上，做到收放自如。隐忍是一种战略上的忍让，并不代表着恐惧与退缩。不过，我们在心里一定要清楚自己要"隐"什么，在"忍"什么，以及到了何时就无须忍耐。唯有如此，隐忍的能量才能助你把握机遇，从而实现厚积薄发。

几乎所有的创业者，都将"机遇"视作最不可控的外部因素。这是因为，在创业过程中，创始人明确自己做什么相对容易，而要确定行动的时间点却异常困难。每一个创业者似乎都曾在一个晦暗不明的时间点上停留过，无法果断抉择的他们如哈姆雷特那般发问：现在进入还是继续等待？

其实，当你无法明确机会是否真实存在时，应当停止等待，即刻行动，做比不做的结果更好。旅游搜索网站去哪儿网创始人庄辰超曾说："通常早进入比晚进入要好，进早了，可以想各种办法低成本地维持下来，等待市场爆发，但进迟了，就没有机会了。"

中文在线的创始人童之磊持有相同的观点。他认为，在看好大方向的前提下，尽早进入，潜伏起来，是取得成功的关键。他的经历生动地证明了他的判断是正确的。

创业最艰难的时期，童之磊靠自己打工赚的钱，为当时只有三个人的中文在线团队发工资。那一段时间积累下来的成果，形成了中文在线今天的竞争优势。“做农夫的，有时候收成不好，也得会打点猎”，这就是童之磊的成功之道。童之磊所坚持的是一种积极的等待。在市场还不够成熟、时机还没有到来之前，不断积聚实力，突破产业链最成熟的那一环。他解释说，中文在线在等待很多年之后，才成功抓住了中小学数字图书馆和移动手机阅读平台等机会。他给我们的建议是，保持“多点触摸”，即对各种细分市场进行积极的接触并保持足够的敏锐度，如此才能真正抓住机会，实现“剩”者为王的目标。

特别是在集合电路设计行业，市场尚未打开之前，如果企业倾尽所有投入研发，则很可能等不到柳暗花明的时刻。曾被称为“TD芯片龙头企业”的凯明公司，于2008年5月因资金链断裂宣告破产。这家以创新能力出名的公司，曾贡献了139项国内外专利和TD业内的多项第一，却在中国3G市场即将开启的那一刻，悲壮地倒下。

在凯明公司倒闭前一个月，TD就已经开始在中国试水商用。也就是说，凯明很快就能迎来真正的机会了，却没有坚持到光明的那一刻。凯明的悲剧看似是因为资金链断裂，其实真正的原因在于管理者对TD产业市场机会出现的时间判断失误。与凯明形成对比的是展讯公司，作为行业先行者，它同样在苦苦等待TD市场的时机，但它成功避免了凯明犯下的错误，避免了产品线单一的问题。在看好TD市场的前提下，提前进入，做好潜伏，依靠2G产品线的收入缓解资金压力。最终，展讯挺到了最后，迎来了发展的春天。

童之磊与展讯公司成功绕开了隐忍的误区，他们在“忍”时，积极地等待，经过长期的准备，踩准了进入市场的时间点，铸就了成功。凯明公司的隐忍，与很多人的隐忍一样，在没有弄清楚自己实力的前提下，刻板地坚持，错失了成功的机会。

由此可知，看清外在形势，清楚自身实力，才能有章法地隐忍。否则，失败将不可避免。

对个人而言，隐忍是积极的坚持，而不是消极的等待。隐忍也是热情地付出，如同南美洲安第斯高原上盛开的普雅花，伫立在海拔四千多米的高原上，栉风沐雨，以最虔诚的姿势采集太阳的光辉，汲取大地的养料，为最终的美丽盛放积蓄力量。尽管默默耕耘的结果也可能是一无所获，但是，成功一定是耕耘的结果。所以，真正意义上的隐忍，是一种心平气和的等待的心态，是一种在等待中积聚力量、蓄势待发的精神。

> 误判现实：有些人一“隐”就错过了时机

机会通常被主动者拥有，一味地“隐”，只能错失良机。我们可以观察那些错失机会的“保守者”，他们通常是一群由于执行了A计划而错过了B计划的人，经常表现出非此即彼和不懂得灵活执行某种方案的思维特点。

这类人好像永远活在思考中，任何摆在眼前的机会似乎都是陷阱，所以他们宁愿错过，也绝对不会冒险。等到这样的机会流逝了或者被别人占了先机，他们就会徒生无奈的抱怨。

“当初那样去做就好了。”

“如果当时听他的话就不会犯这样的错误了。”

“当时如果能争取一下，就不至于像现在这样了。”

是啊！如果能够回到当初就好了。生活中有太多这样的人，明明准备很充分，一副蓄势待发的样子，可是等真正的机会降临了，却瞻前顾后、犹豫不决，直到大好的机会从眼前彻底消失。

“机遇只留给为之做好准备的人。”但是，就算准备再充分，如果不及时行动的话，也永远只能活在准备阶段。这其实讲的就是出手的“时机”。

我在接触潜能培训课程之前，如同所有看不穿“机会真面目”的人一样，错过了人生中数不尽的时机。那时候我在美国洛杉矶创立了一家小型的广告公司，公司刚刚起步，利润空间不大。年终的时候，我与同行的竞争对手同时在争夺一家电子公司的下年度广告单。客户没有给出明确的价格底线，只给了一个模糊的答案：谁的诚意大就跟谁合作。

为了拿出百分之百的诚意，我决定在公司基本利润的基础上再给客户一个优惠折扣。可是这个优惠究竟给多少成了让我失眠的原因。那段时间，我花费了大量的精力去打探对方公司的价格，同时决定先等等看，因为客户那边貌似也并不着急做出决定。可是，一个星期后，这个大客户突然做出了选择，要跟我的对手公司合作，原因是，对方在三天前已经给出了最低最优惠的价格。

我在观望中丢失了一笔大单，这曾让我在很长一段时间里悔恨不已，不只是因为这笔大单足够维持我的小公司一年的运作，更是我对自己的判断力的质疑。“如果当初果断一点该多好啊！”“如果不那么计较利润该多好啊！”可是，机会只跟随能够抓住它的人。

在洛杉矶的培训班里，有一个开朗热情的年轻学生杰瑞，他告诉我，他也曾有过与我类似的遭遇。

在即将大学毕业的时候，杰瑞在学校发布的招聘信息中看到了自己心仪已久的一家电信公司要招人的信息。令他感到惊喜的是，他的各方面条件都符合这家公司的招聘要求。然而，尽管杰瑞兴奋不已，他却并没有主动联系这家公司，因为他相信自己是块闪闪发光的“金子”，不选择他的公司一定是“瞎了眼”。因此，杰瑞就安心地等待着这家公司来学校举办招聘会。他认为等电信公司来学校举办招聘会时，再投上自己的求职简历也不迟。

后来，这家电信公司果然来学校了。不过，让杰瑞没有料到的是，人事部门负责人非常遗憾地解释道：“真对不起，前几天我们到过贵校，我们的招人计划已经提前录满了！”原本属于杰瑞的机会，就这么在他的“安心”等待中错过了。

相信生活中有太多的人像我和杰瑞一样，因为错过了最佳的时机而丧失了商业合作和求职的机会。我们所犯的通病就是看不清环境和事情的发展，选择在消极的等待中消磨时间，而最终的结果只能是——所有的理想和雄心都夭折在了半途。

机会对每个人来说都是均等的，关键在于你自己的态度以及你对于现实的判断。如果你只是消极地坐等机会上门，即便现实对你再有利，你也只能错失机会。特别是在职场和商场，不主动出击的等待已经等同于失败。

当今社会的竞争已经日趋激烈，这就是残酷的现实，只有积极的心态才是获取机会的基本前提。所以很多公司越来越看重求职者的积极心态与为人处世的应变能力，而不是单纯考虑他们的工作技能。那些认准某一个信息对自己有用，而同时又能以最快捷的方式对合作方做出反应的人，更容易让对方知道自己、了解自己，从而更快地获得成功的机会。

> 将手段当成了目标：有些人只是厚积却没有薄发

在我孩童时期接受的成长教育中，“谦虚谨慎”和“忍耐积累”是始终被父母念叨的家训。在国内，人人都信奉这样的理念，所以很多人都遵循着这样的教诲：做事情要不断积累，要学会等待，要忍耐，要循序渐进。这固然是优秀的品质，但是，往往很多时候，人们只是学会了积累，却忘记了寻找并发现恰当的契机，实现力量的“薄发”。

我在美国发展的这些年，发现了一个有趣的现象。中国人和欧洲人在美国，在语言表达上共同存在一个问题——太过含蓄。这种语言表达方式让美国人感到很“头晕”，因为在美国，这种含蓄的“传统”几乎完全不存在。美国的多数城市，在人们的头脑中根本没有“含蓄”或者“过分谦虚”的概念，他们会觉得你矫揉造作，或者是因为不自信而表现出的心虚与焦虑。他们喜欢直截了当地表达与展示自我。

比如，当问你一项工作是否能做好，如果你的回答是“我试试看”“我尽力而为”，那么，他们会认为你可能做不好或者根本没有能力做好。

我的搭档威尔斯已经和我共事多年，仍旧时常会皱着眉头大惑不解地问我："为什么你会害怕展示自己的长处呢？你明明是我见过的人当中最优秀的一位。"而我总是秉持着中国几千年来积攒下来的传统思路笑笑表示："人应该谦虚一点好。"

作为地道的美国人，威尔斯总给人一种热情大方的感觉。他喜欢快乐而自信地向别人展示自己的优点，比如，如果有人称赞他的眼睛长得好看，他就会对那个人幽默地说："你不觉得我的眼睛像汤姆·克鲁斯一样迷人吗？"这种幽默和自信让他拥有很多朋友。而我，却因为表述方式的问题，在初期犯了很多错误。

有一次参加晚宴，用餐结束后，在一家很有名的时报工作的记者认出了我，他提到我之前写过的一本书，认真地询问道："您认为自己是一个优秀的作家吗？"我稍显歉意地回答道："不是的，那不是我的本职工作，我只是努力地尝试着把自己的想法用文字表达出来。"这位本来充满尊敬之情的记者，脸上先是闪过错愕，之后则表现出了失望。

他有些傲慢地微笑着说："哦，那看样子我们要合作，还要等很久。"原来他想与我合作撰写一本书，之前不过是一种试探。

也许在中国，这是大家信奉的交往礼节与信条，但是在美国，我的回答却让对方认为我只是个不入流的业余作家。他不想跟这样一个没有自信的作家浪费时间。而他原本打算告诉他的同事，他要为一个优秀的华人作家的新作做一下宣传。

生活中很多人有着和我相似的经历。在课程培训中，一位来自意大利的学员桑迪，与大家分享了她的故事。

桑迪在公司里是一位能力不错的员工，她执行力强，做事任劳任怨却默默无闻。每当完成一项任务，即便成绩十分耀眼，她也从不多提。不管什么事情，她总是谦虚地说“这是我应该做的”“我没有那么优秀”，或者“这都是大家努力的结果”。完全淡化了个人的功劳。

业绩突出的她，一直都是大家夸赞的对象。同事们几乎看见她就说：“桑迪真不错呢！”不过，很少有人对她的工作成绩提出具体的表扬。即便有，也多是一带而过。而她通常只是淡淡地笑笑。

其实，日常琐碎的工作，桑迪总是做得最多的那一个，她是一个典型的幕后工作者。领导表扬的时候，也没有单独表扬过她，而是把她放在其他同事中一起表扬。两年下来，周围的同事大多升职加薪了，她却依然原地踏步，做着一个默默无闻的小职员，黯然地等待他人主动来挖掘自己。桑迪心里也有抱怨和不满，但是随后她又安慰自己，现在她需要的是在等待中积累经验，等到资历够了，就跳槽去另一家公司。又过了一年，桑迪确实跳槽了，但是在新公司，她所做的工作依然是那些不被重视的琐事，因为她的上司觉得她能力有限，而且缺乏自信，所以无法重用她。

桑迪在她的工作中有了“厚积”，却没有“薄发”，原因就在于她过分消极的谦虚。谦虚促使她一直处在“隐”的状态下，却不清楚自己其实并不需要过于忍耐。她是合格的职场人士，一直卖力地工作。但是，过度的谦虚使得领导忽略了她的能力，直接影响了她的发展和前途。

尽管她在工作中十分努力，也解决了很多棘手的问题，但是自己不愿表现，同时也不知道自己真正的目标是什么。她的工作成绩因此被大家淡化乃至忽略。领导可能已经发现了谦虚的她有着不错的才华，但许多机会已被善于表现的员工抢占。

后来，灰心丧气的桑迪离开了公司，机缘巧合下，参加了我的培训课程。两个学期结束后，我建议她去做一份销售的工作，因为这会让她自信并迅速成长起来。现在，桑迪已经成功地创办了两家中型公司，有一次她发邮件给我，说她把自信和懂得展示自己的魅力写进了员工守则，并将这作为招聘的首要条件。

“厚积”和“薄发”实际上是前后关联的，如果将它们割裂开来就没有意义了。如果你决定要长期隐忍、积蓄实力，那么接下来的时间里，一定要为自己的能量找到出口；同样，如果你想成就一番事业，那么也要先从资本、知识、人脉的储备开始。

只有“厚积”没有“薄发”就如同每天都在苦练的运动员在将要胜利的时刻却没有冲刺一样，那么，再多的训练又有什么意义呢？

Part 2

你必须练就的强大心理素质

忍耐力的确不能成为衡量一个人道德水平的准则，但它是成就事业不可或缺的因素。一个人若是做任何事情都没有恒心和毅力，遇到一点困难就畏缩不前甚至推卸责任，那么，他注定只能在别人的成功里抱守着安逸的遗憾。

>>> 要有经历挫折的毅力和决心

“每一个伟大的成功都有一个微不足道的开始，即使最初所拥有的只是毫无根据、异想天开的自信心而已。但是，一切都从这里开始。”

我相信任何一个光芒四射的成功者，一定都经历过或长或短的灰暗绝望的时期，他们背负着压力前行，向着最初的目标，按照既定的计划步步前进。即使前进的路上困难重重，甚至毫无成功的迹象，但是，他们凭借不懈的意志和日趋成熟的技能坚持下来，从而真正地拥抱成功。

我的课程培训班招收的第一个学员，是来自某政府机构的白先生。当他看到我的培训班里只有他这一个“收费对象”的时候，白先生惊讶地后退了一步。他双手背在身后，在甚至能传出回声的空荡荡的办公室里巡视了一番，之后做出了一个重大的决定。他轻蔑地说："我甚至怀疑这是一个不正当的组织，所以我坚信自己走错了大门。"

对于这样的侮辱和不屑，我没有反驳，更没有继续卖力地推销我们的培训理念，而只是微笑着将白先生送出了办公室。从此之后，我便为公司发展制订了第一个目标：一定要让客户相信你。

这个目标成为了我们制订下一步计划的指南，并发挥出了意想不到的巨大作用。

有一个媒体的朋友曾经问我："您是如何做到现在这样成功的呢？"我回答说："我想，大概是从避免别人那样的失败开始的吧！"

我给他讲了我在国内刚开始工作时的一段经历。

当时我在一家很小的公司担任助理工作，每日的工作就是帮我的上司处理各种琐事。我的上司是一个年轻的男人，他行事风格凌厉，为人刚直而苛刻，很多同事都视他为"不好惹"的头号敌人。这样的行事为人，自然就使他在一次职场大战中败下阵来。最终，因为一次重大项目中的失误，他被迫辞职离开了。

这件事对我的触动很大，在他的手下做了一年助理，我已经深知隐忍和低调的重要性。后来跟随的上司跟他截然相反，凡事不争不抢，不管任何事情都默默无闻。当然，他的职场之路也不比我的前任上司顺利，过度的忍耐让他也与升职加薪无缘。

两任上司的失败经历让我深知隐忍力的重要性。太过凌厉就会让你陷入被人“敌视”的境地，而过于忍耐也会导致才华和能力被永久地埋没。那么，究竟要如何平衡这两者的关系以取得成功呢？最重要的一点就是要了解并擅用隐忍力。

需要指出的是，我们开设这个课程并不是要教大家变得世故和功利，更多的是关注心灵力量的提升。我们要拥有并合理运用这种力量，成功之路才会走得更平坦。

在心灵培训课程里，我给学员们讲过这样一个故事：

有一天，有人路过沙漠，风沙四起，她的珍珠耳环不慎遗失了。就这样，珍珠耳环无奈地躺在沙漠里，整日抱怨自己的厄运。沙子感觉珍珠十分漂亮，就跟它攀谈起来。

沙子怯怯地发问：“哎，伙计，你怎么到这里来了？”珍珠说道：“我原本也是一粒沙子，来自大海，后来我被海浪卷入蚌的身体里。在那里，我过了好几年暗无天日的日子。日子虽然苦闷，但我不断地吸收蚌身体里的珍珠质，直到有一天，我变了，变得洁白且富有光泽了。再后来，我突然被人类发现，他们将我细细地打磨雕琢，做成了漂亮的耳环。可是，一阵风又把我留在了这里。唉，命运弄人，我的一生真是漂泊不定啊！”

沙子听了珍珠的这番话后，总渴望自己有一天也能变成光彩夺目的珍珠。然而，沙子待在沙漠里，没有机会遇到蚌，怎么办呢？沙子明白，如果一直待在沙漠里，那么成为珍珠只能是一个梦想而已。只有到海边，才有机会接近神奇的蚌，才可能成为珍珠。正当沙子陷入沉思时，沙漠又刮起了大风。沙子看到了机会，它借着风力，极力让自己顺着风飞起来。它飞了很远很远，突然跌落在山坡上。它四处看看，周围一片荒芜。沙子暗暗地想，这里难道就是目的地?它还来不及多想，忽然下起雪来，雪落在地上很快就结成了冰。沙子冷极了，不过它还是很开心，因为它发现自己变成亮晶晶的模样了。它兴奋地喊道：“我变成珍珠啦！”旁边的石头哈哈大笑道：“你是珍珠，那我不就是钻石了？你身上只是结了冰，太阳一照就融化啦。到那时，你还是原来的样子。一点没变！”沙子颇为失望，但还是不死心，向石头请教，如何才能到海边去。石头告诉它：“水的最后一站就是海洋。所有的水，最终都要流进海洋。你只要顺着水前行，终有一天会抵达大海的。”

大雨来了，沙子随着水流滚动身子，一路前行。它漂过了山沟，流进了小溪，经过了河流，感觉实在太累了，就平躺在沙滩上休息。一个在河边钓鱼的孩子，忽然发现了这粒沙子，感觉它很圆，就把它捡了起来。长期的磨炼漂泊，已经使沙子变得圆润可爱。沙子向孩子恳求道：“把我放了吧！我想去海洋，找到蚌，变成珍珠。”孩子被它的执着感动了。他告诉沙子：“我们学校过几天就要去北海旅游了。我把你带到海边吧，这样你就不用那么费劲了。”沙子兴奋地向孩子道谢，感激他的恩情，保证道：“将来若有机会，我一定会报答你的。”就这样，沙子如愿到了海边，并顺利地钻进了一只蚌的体内。

日子就这样悄无声息地过去了。日复一日，年复一年，孩子成了白发苍苍的老爷爷。这天，他带着孙女去海边捡贝壳。孙女无意中发现了一只特大的蚌，高兴极了。他们将它带回了家，打开后，发现里面藏着一粒超大的珍珠。爷爷拿着它到珠宝店加工，经过一番雕琢打磨，珍珠变得光芒四射，璀璨无比。店主告诉爷爷，他从未见过如此坚硬的珍珠。他索要了双倍的工钱，爷爷乐呵呵地答应了。

老人家也感到纳闷，就请来珠宝专家做鉴定。一番鉴定后，专家告诉爷爷这颗珍珠是由沙漠里的沙子演变成的。它的色泽、颗粒都强于普通的珍珠。这是罕见的无价之宝。从此，这颗珍珠就成了当年那个孩子的传家之宝。

沙子非常欣慰，它既实现了自己的价值，又报答了孩子当年的恩情……而当年那颗被遗落在沙漠的珍珠，终日萎靡不振，随着风沙吹过，被深埋在沙子里，再也无法焕发光彩了。

在沙子生命蜕变的整个过程中，我们可以清晰地看到它发挥想象力、着眼当下、周密考虑、精心准备、耐心等待、韬光养晦、知恩图报，等等。这些行为凝聚在一起，合成了它强悍的隐忍力。强大的隐忍力改变了一粒沙子的命运！

如果我们能如沙子般修炼自身，增强隐忍力，也就能改变命运，由普通的沙子变成璀璨的珍珠。

沙子的成功源于一个微小而可笑的梦想，或者说是一个成功概率很小的目标——它要成为一颗耀眼的珍珠。正是这个明确的目标引导着它一步步地执行计划和实现梦想。其实对于我们来说，也是一样的道理，你决定自己要做什么样的工作或者要成为什么样的人，就要集中所有的精力和时间，用在正确的方向，并且要制订一个可行的计划并做好应对突发事件的准备，确保其间如果发生问题自己可以及时调整计划，正确应对。

有智慧的人喜欢做计划，并倾向于未雨绸缪，他们希望自己的笔下是一张可实现的蓝图而并非那些不切实际的想法。他们会绘制出具体的路线，将总的目标分割成众多的小目标，分步骤一步一步地向着那里前进。如此坚持下去，自然就可以不断地进步，不断地接近最终的目标。这种设定目标并严格执行的过程就是计划。

计划的过程是美好的，但也是痛苦的。所有的美好背后都隐藏着不为人知的艰辛和磨砺。如同钻石是在高温高压中诞生，大树是由一粒最不起眼的经历了数个春夏秋冬的黑暗才破土而出的种子长成的，而美丽的蝴蝶更是忍受了破茧的疼痛才能展翅飞翔。年轻的生命不该渴望免费的门票，更不要期待天上掉馅饼，如果你想改变自己的命运，必须要有经历挫折的毅力和决心。

>>> 摒弃坏情绪，提高忍耐力

隐忍力中最重要的一个要素就是忍耐力。忍耐力是我们平静地接受等待、面对挫折平息愤怒并且不抱怨的能力，更是成功者必须具备的素质，就像意志力、自信力、领导力、风范、气场等素质一样。一个人如果没有忍受疼痛和苦难的能力，那么他注定不会成功。

忍耐力不是先天具有的，而是靠后天的磨炼。为什么小孩饥饿或者疼痛就会哭，大人却不会？因为小孩没有自主生存的能力，一旦害怕，就会本能地用哭的方式把信号传递给大人，大人自然会替他解决一切问题。成人却不能如此，成长的过程逼迫每个人练就忍耐的本事，即使面对再大的苦难也要扛住。这样，当别人了解你所经历的一切时，才会敬佩地说："他真是个了不起的人。"

忍耐的过程就像生病时吃药痊愈的过程一样，吃的时候难免苦涩难言，但是能够治愈疾病。比如在生活中，你不小心与别人发生了摩擦，不管对方的态度如何恶劣，但是你忍耐下来了，就可以避免很多无谓的纠纷，而你的人际关系也会变得越来越顺畅。

艾伦在一家小公司做文员，每天的主要工作就是打印、收发文件，几乎天天如此。其实，她也有别的工作可以做，但是其他同事都把这种琐事交给她做。每次，艾伦都微笑着把"麻烦"接过来，没有任何抱怨。

年末的时候，公司决定从所有的秘书中挑选出一个人晋升为总裁助理，艾伦很顺利地得到了这个职位。当总裁询问每个秘书对自己这份工作的认识时，艾伦交出了一份最让总裁满意的答卷。她说："我的工作就是每天重复做同一件事情，我不把这当作烦人的重复，而视作对自己的一种磨炼。重复一件工作不仅需要耐心，最重要的是锲而不舍的精神，我把这种精神状态作为严格要求自己的标准。"

忍耐力的确不能成为衡量一个人道德水平的准则，但它是成就事业不可或缺的因素。一个人若是做任何事情都没有恒心和毅力，遇到一点困难就畏缩不前甚至推卸责任，那么，他注定只能在别人的成功里抱守着安逸的遗憾。

不可否认，我曾经就是一个缺乏耐性的人。无论在什么样的场合，我总是急躁、冲动，喜欢大声说话。

我等在排队付款的队伍里，看见一个老头颤巍巍地用手指慢悠悠地点着硬币，我几乎要急得跳起来，用我能做出的最恶劣的态度去指责他。老头在听到我的大呼小叫后，向我致歉。此时，我却感到了些许内疚。因为，总有一天我也可能像他那样，人总会变老的。到那个时候，我也只能渴望他人能对我宽容仁慈了。

这件小事让我意识到，自己是一个极度缺乏耐心和容易表现出各种坏情绪的人——交通堵塞时，我经常会猛按汽车喇叭；当他人一时没明白我的意思时，我会故意提高嗓门并且语气中充满了不耐烦。缺乏耐性，使我整个人有时会显得粗暴而冷漠。

有一次，只因为客户没有提前打招呼，让我白白等待了一个小时，我就表现出了极大的不满。当然，代价也是惨重的，客户被我的坏情绪吓到了，取消了与我的合作。本来已经属于我的财富，在我的怒斥声中飞进了别人的口袋。

如果生活中的你易怒而且毫无耐心，那么我想你需要好好地审视一下自己的情绪了，别重蹈我的覆辙。“不耐烦”和“坏情绪”对于生活没有任何帮助，只会让你陷入一个又一个麻烦。让生活美好的真谛是让自己变成一个宽容的“耐心者样板”，而非易怒的狮子。

以下几个方法，可以帮助你摒弃坏情绪，提高忍耐力。

1. 借助于想象力来暗示自己

有一次，我在一个广场等待一个朋友，他久久未至，我不由得烦躁不已。我在心里警告自己要做一名绅士，而绅士是不会在公共场所做出粗鲁的事情的。于是，我暗示自己，把注意力转移到广场不远处的音乐喷泉上。很快，我的记忆中出现了少年时代的一个游泳池——虽然池面上人声鼎沸，喧嚣不已，池底却是一片蓝色的宁静世界，我常常憋住气，在池底享受无人打扰的宁静。

烦躁的情绪消失了，我耐心地等来了朋友。

当你完全失去耐性，无法清楚地思考时，请借助想象力暗示自己，幻想一个美好的地方，忘记眼前的一切。用想象将自己置于一个宁静的境界中，一切紧张与烦躁都会慢慢消失。

2. 着眼于现在，抓住今天

我的一位朋友总是心急火燎地“奔向未来”，倘若你邀他下班后去喝一杯，他马上就会问去哪家饭店。而当你们一起吃饭时，他急急忙忙地吃饭，因为他要赶着吃完去看电影。到了电影院，还没有看完电影的结局，又要冲出去赶回公司加班……这位无法生活在“现在”的朋友，总有做不完的计划，可怜的他完全不能享受生活。

我的这位朋友只是一个稍显极端的例子。其实，很多人都能在他身上看到自己的影子。当我们要完成一个目标时，总或多或少地显得有些迫不及待。我们渴求成功，盼着马上能触摸到成功的脊背，无法忍受暂时的失败，更没办法接受自己无所事事的状态。

事实上，生活有它自身按部就班的日程表。如同怀孕十个月才会分娩，想学英语必须从字母学起，成为优秀的小提琴家需要旷日持久的训练……总之，办好一件极小的事情也需要精力与时间，而想要成为一个成功的人无疑需要更多的时间。

因此，当我们为某事着急时，应冷静地审视自己此刻该为将来的那个目标做点什么。如果你现在暂时的休息或者娱乐也是为将来做准备的话，那就尽情地享受当下，没必要为明天的事情着急了。

3. 请务必考虑周到

很多人的失败源于无法应对突发状况，在面对意料之外的问题时，如果没有提前准备另外一个方案，就会陷入被动的局面。既然大多数人并不具备强大的应急能力，那我们就需要事先考虑得尽可能周密，尽量预估到每一个细节，想到最坏的结果，同时做好可行的预案。这样，就会防止遇到紧急状况时的束手无策，慢慢地也就能改变浮躁的习性，提高对事情的前瞻力和隐忍力。

正如一家公司的业务口号一样："只有你想不到，没有我们做不到。"全方位地考虑每个细节，尽可能地为每个可能出现的问题准备好紧急方案，那么，你就会离成功越来越近。而你也会收获取得成就之后的快乐，这种快乐能够激发你的无限潜能，让你的思维更加缜密，创造力更加卓越，做事更加顺畅。

4. 杜绝自己的片面思维

工作中最忌讳的就是片面思维，这种单向的思考方式会让你一败涂地。所以，即使再紧急的事情，也要学会三思而后行。学会转换不同的视角看待问题，选取最佳的解决途径，能够使我们最大限度地减少失误和损失。

很多人追求零缺陷的工作目标，而这种完美的结果靠周全的考虑才能实现。虽然没有真正完美的事情，但是我们一定要有追求完美的思想和能力。从某种程度上来说，追求完美就是成功的保障。工作中只有更好更快地完成上司交付的任务，机会才能永远青睐你。

5. 制订一套整体方案来让自己心里有底

20世纪初有一个叫劳伦斯的著名探险家，他带着五个人的探险队准备创造北极探险的世界纪录。出发之前，劳伦斯做了大量的准备工作，小队以机动雪橇作为行进工具，还备有够五个人用的食物和帐篷等。长途跋涉了一个多月后，他们终于到达北极。可是返回的路上，食物却因为临行前队伍又额外增加了一个人，提前吃光了，而机动雪橇也由于寒冷的天气而无法启动。一切物资都变得不够用，加之天气恶劣，他们冻死在返回的途中。

三年后，另一队探险家再次进行了北极探险。这次他们采用的工具是狗拉雪橇。出发前，他们对每天的行进里程和耗费的时间做了精心的测量和记录，并准备好充足的食物和取暖用品，在每一处存放的地方都做好标记。这个七人探险队胜利地完成了这次探险活动，无一人挨饿或受伤。

人生的发展应该有一套适合自己的方案。比如三年发展规划、五年发展规划、十年发展规划，等等。假设你制订了一个五年计划，在这个计划里你可以把最终的目标规划好，然后再详细地制订每年要达成的小目标，同时每年也开始再具体地制订半年目标和每月的目标。在施行的过程中，严格按照自己的计划，从小目标开始，逐渐向大目标迈进，脚踏实地，循序渐进，才不会偏离最终大目标的轨道。

目标执行的过程中，良好的心理素质是成就事业的必备要素。在前进的过程中，要修炼自己的心性，能吃苦耐劳，遇到困难要顶得住，关键时刻更是要有超负荷工作的体力和毅力。任何一方面有所欠缺，都可能导致你的失败并激发不理性的情绪。

>>> 宽容，是做人的第一法则

宽容，是我们做人的第一法则。

人与人之间难免发生磕磕碰碰，但很多时候，纠纷中所产生的伤害是因为我们斤斤计较。如果我们以伤害去对付伤害，那么这个伤口就会越拉扯越大，同时伤痛也会因此而加重。

法国著名的哲学家卢梭，在他十一岁的时候爱上了一位比他大十一岁的叫德·菲尔松的小姐，他深深地被她身上的气质所吸引，而德·菲尔松似乎也很喜欢卢梭，于是，两个人就这样轰轰烈烈地相恋了。

但是不久后卢梭发现，这个德·菲尔松小姐并非真正地喜欢他，她只是想利用他，以此激起她所暗恋的另一个男人的醋意。卢梭感觉自己被深深地伤害了，从此，他发誓再也不与这个女人相见。

二十年后，卢梭已经功成名就。有一次他在湖上划船，远远地看到了那个曾经玩弄他感情的女人。她失去了往日的光环，面容憔悴。这是多好的复仇机会啊！只要卢梭现在过去重提旧事，那么她一定会感到无地自容。就算只是装作路过，去跟极要面子的德·菲尔松打个招呼，也是一种很好的报复。但卢梭悄悄地把船划开了，他快乐地仰望天空，觉得自己根本无法跟一个四十多岁的女人算陈年旧账，而且这是毫无意义的。

很多人无法做到像卢梭这样宽容，似乎不报复就无法释去内心的仇恨。其实从心存怨恨那刻起，心灵就已经被扭曲了。有时候，不是我们生存的空间狭小，而是自己的心灵太狭隘。卢梭选择放下和释怀，他的心灵彻底地打开了曾经被伤害的死结，而他也因此感觉到快乐。宽容并不仅仅是一种美德，同时，也会给你带来平和与快乐。

有一次，我驾车进城赶赴晚上七点的一个重要约会。不幸的是，我遇上了始料不及的严重的交通堵塞，所以，我未能准时到达约会地点。而我的客户是个“惜时如金”的人，服务生告诉我，半个小时前他已经离开了，也没留下任何口信。

我怀着焦躁和愤慨的心情诅咒那该死的交通堵塞，不停地咒骂着城市的交通管理者。但是一分钟后，我就冷静下来，给未来的合作伙伴写了一封言辞恳切的邮件。

第二天一早，我收到了邮件回复，他幽默地说：“还好我昨晚请示了上帝，他准许我原谅一个稍微占用了我时间的人。”后来，我们达成了长期的合作，并且成为很好的朋友。

缺乏耐性的人无一例外地不喜欢浪费时间，更不愿给他人留一丁点余地。这一部分人喜欢将一次旅行或一项工作所需的时间掐算得分秒不差，不允许有任何差错与出入。对这些人而言，其实有必要学会“宽宏大量”，允许他人犯错。而对于当事人来说，做事最好也要给自己留有一些周旋的余地。

现在，在每次做事之前，我已学会询问自己：“最坏的情况是什么？”如果后果微不足道，仅仅是错过了一场电影或者一场球赛的话，我的内心会马上安定下来。为这些小事失去耐心是不值得的，甚至是非常滑稽的行为。

>>> 韬光养晦才可以厚积薄发

我们可以肯定地说，韬光养晦是一个人可以做到厚积薄发的前提。

简单来说，韬光就是隐藏自己的光芒，养晦则是让自己处于一个相对不显眼的位置。它是一种华丽的低调，同时也是一种优秀的生存策略。

在美国的弗吉尼亚，有一种土生土长的动物，叫负鼠，体形类似于家猫，由于行动缓慢，逃跑能力比较差，所以，一旦遭遇危险，负鼠就会马上装死。但正是这种“假死”的方法，才使负鼠得以在地球上存活了七千万年。

负鼠的伎俩之所以行之有效，是因为像狮子、老虎等凶猛的野兽，都不敢贸然接近刚死的猎物。它们害怕被反咬，恐惧感使得猎食者的食欲受到抑制，使它们对已到手的猎物暂时失去了兴趣，继而把注意力转移到别的动物身上。这就给负鼠提供了伺机逃生的机会。当负鼠突然从装死的状态变成撒腿逃命，猎食者反而被它这种反常的表现给唬住了，也就不会再去追负鼠了。

人类社会的发展是“物竞天择，适者生存”的结果，为了生存和强大，每一个人都有一种独特的生存本领。在自然界中，弱小的动物可以用假死的方法来蒙骗强大的对手，从而保全自己。

同样，在人类的竞争活动中，也有一种类似于假死的行为——韬光养晦。你不妨去研究那些在平凡中忽然崛起的成功者，他们大都是经历了长期的“背阴”生长的人。他们不是没有真才实学，而是刻意隐去了锋芒，躲在一个不被关注也不会受人踩踏的角落，慢慢地蓄积力量。

有一个农夫种了两棵一样的果树苗。第一棵果树默默地吸收着阳光雨露，并把养分储备起来，均匀地分散于每一条枝干，为未来的生长积蓄力量。第二棵果树苗时刻都在想着开花结果，它同样努力地吸收养料、凝聚力量。

第二年刚一开春，第一棵果树很快吐出了嫩芽，铆足了劲向上长。另一棵果树在嫩叶还没有舒展开的情况下，就迫不及待地挤出了花蕾。

第一棵树悄无声息地生长，慢慢变得茁壮挺拔。另一棵树每年都将精力投注到开花结果上。刚开始，这棵树令农夫惊喜不已，因为他从没见过长势如此迅猛的树苗。但是很快这棵树便渐渐萎靡了，因为它远未成熟，却急于开花结果，这使得它累弯了腰。后来有一群小孩看到了它的果实，便用力地摇晃树干，有的还用石头扔它。可怜的果树受尽了折磨。

时间过去了几年，第一棵树终于开花结果了。由于前期吸取的养分充足，这棵果树长得很健硕，结的果实也又大又甜。而此时，第二棵果树早已变成了枯木。农夫不能容忍这株瘦小的枯木占据土地，毫不犹豫地将其砍下，当作柴火烧掉了。

万事万物都有它们自身的发展规律与发展阶段。出于某种炫耀的目的越过或者忽略其中的一步，揠苗助长，最后只会害了自己。因短暂的小利而失去了长远的大利，实在不值得。最富有竞争力、生命力最强、最有前途的人，往往是那些不急于表现自己的人。没有足够的积累，就急于表现，只能是昙花一现，留给自己满身伤痕。而在韬光养晦中积累了足够能量的人，往往能够等到水到渠成、瓜熟蒂落之时，从而得以持久地享受成功的快乐。

很多刚刚走出学校大门的毕业生，经验不足，各项技能都尚未成熟，在求职面试的过程中却心高气傲，处处急于表现自己，结果往往令自己大失所望。

美国的心理学家纳特·史坦芬格做过这样一个实验：他要求前来求职的四个人，一边做自我情况的分析报告，一边用小型炉子煮牛奶。

第一位求职者在报告中说，自己在校时的成绩很优秀，社交能力和组织能力也很出色。而且他在报告的最后，特意提到自己的牛奶煮得很好。

第二位求职者的报告内容与第一个人差不多，但是他在报告的最后说，他不小心碰翻了炉子，牛奶也煮煳了。

第三位求职者的报告和前面两位截然不同。他说自己的学业很糟糕，其他能力也一般，但是他的牛奶煮得相当棒。

第四位求职者的报告和第三位差不多，但是牛奶煮得很差劲。

史坦芬格根据实验得出结论，所有求职者差不多都能归为以上四类。第一类人十分完美，各方面看上去都毫无欠缺；第二类人比较完美，稍微有点美中不足；第三类人各个方面都比较欠缺，但是有不错的小长处；第四类人基本上一无是处。

也许很多人会觉得，第一类人的成功概率肯定最大，但现实的情况并非如此，因为根据调查显示，第二类人更受用人单位的青睐。为什么呢？因为每个老板都不会太喜欢锋芒毕露的员工，第一类人会让他觉得华而不实或者喜欢作秀，况且这么完美的员工是不是只会把公司当跳板呢？这甚至会让他担心你的“忠诚度”不够。

如果你是十分出色的人，在没有成功之前，请记得学着“傻”一点。不需要刻意掩饰个人的一些小缺点，有意无意地笨一点，会让人觉得你容易亲近，不那么咄咄逼人，也就更容易让人接受。

>>> 不管你站得有多高，都要懂得尊重并欣赏他人

你必须学会欣赏别人的优点。无论什么时候，你要懂得用仰视的态度待人处世，不管实际上你站得有多高；你要懂得尊重并欣赏那些比你更出色的人，虽然他们在很多方面可能并不如你。

这一点看似容易，实际操作起来却相当困难。我们常常无端地看低他人，认为他人没有理由比自己做得好，工资高，朋友多。与此同时，我们所处的这个时代追求个性，各种个性明星辈出。无论在什么领域，人们津津乐道的，都是那些个性很强势的人，似乎那

些魅力十足、自信得近乎自负的人，才能建立不朽的基业。正因如此，谦逊更多被我们视作一种礼节，而不是真正想要学习的品质。

在生活中，我们经常能听到这样的抱怨：“世界太不公平啦！都是一样的同事、一样的同学，他凭什么升职比我快，凭什么挣钱比我多！凭什么啊？！”如果没有谦逊的态度，就会在无意间浪费掉身边榜样的力量，进而失去自己前行的热情与勇气。

如果我们在心底小看、歧视他人，就一定会不知不觉地在言行中表现出不屑和轻慢。迎接你的当然是疏远、隔阂，甚至是憎恶或敌意。

创造了“新东方神话”的俞敏洪先生曾说过，他一直羡慕那些比自己优秀的人，并暗暗追随他们，热情地为他们做事。他认为，自己最大的优点就是不嫉妒比自己优秀的人，而是视他们为榜样，努力模仿他们。我想说的是，正因为他的谦逊，他才有了今天的成就。

我认识一个年纪轻轻就已经取得辉煌成绩的年轻人乔治，他是纽约某电视台的王牌主持人。当我向他请教成功的经验时，他告诉我，他的成就是借助了谦逊的力量，他愿意用最大的诚意去尊重并且欣赏他人的优点。

乔治参加了一次电视主持人大赛，经过一番激烈的角逐后，他顺利晋级决赛。决赛那天，第一轮自由朗诵比赛中，乔治信心十足，他的表现博得了满堂的喝彩。不过，令乔治感到诧异的是，其中一位叫查克的关键评审却不动声色，脸上没有任何表情。在大家都鼓掌时，他只是象征性地轻拍了几下手。

乔治顿时疑惑起来，难道自己刚才犯下什么明显的错误，被他捕捉到了？紧接着，第二轮比赛开始了。乔治不敢有半点懈怠，他拼尽全力，完美地表现自己。结果，查克的表情依旧，在全场欢呼的情况下，这位评委依然没有任何积极的表示。尽管乔治对自己的实力深信不疑，但这样的情况仍令他紧张不安。

坚持到现在，乔治没有任何退路，他决定无论能否成功，都要竭尽全力、奋战到底。最后一轮比赛，乔治发挥出了最大的潜能，他的表现堪称精彩绝伦。顿时全场掌声雷动，好评如潮！查克也终于绽开了灿烂的笑容，他居然站起来，高举双手，为乔治欢呼叫好。

乔治如愿摘得冠军，查克亲自为他颁奖。当两人拥抱时，查克在乔治耳边轻声说道："你知道我为什么直到最后一刻才为你呐喊叫好吗？你前两轮的表现已经无可挑剔了，我早就认定你是冠军，然而我怕你骄傲自满，影响了接下来的发挥！"

听完这句话，乔治握着查克的双手，流下了感激的泪水。

谦逊不仅可以为你扫清人际障碍，助推你走向成功，更重要的是它能帮你找到内心强大的力量，将事情做到极致，从而获得更高的成就。

柯林斯曾带领二十二名研究人员，历时五年，历尽艰辛，为我们解开了企业保持卓越的秘密。他的团队从1965年到1995年间名列《财富》500强的1435家公司入手，经过层层筛选，最终选定了11家公司作为研究对象。

这几家公司无一例外地实现了从优秀到卓越的转变。它们在转变之前的十五年里，其股票的累积收益率并不如大盘高，不过，在转变之后的十五年里，却达到了接近大盘的七倍之多。柯林斯的研究表明，一个公司要从优秀走到卓越的重中之重在于它们有第五级领导者。

柯林斯先生对第五级领导者做了诸多解释，究其根本，第五级领导者其实就是具备谦逊特质的人。这些人无不具有典型的双重性格：谦逊而坚定，腼腆但无畏。第五级领导者给人的感觉是性格温和而内向，在职业意志上则表现出超强的韧性。他们的这些特质，完美地诠释了谦逊的内涵。在平静的外表下，他们内心隐藏着一股强大的热情，足以将所有的事情做到极致。

这一类型具备真正谦逊精神的领导者，最看重的是公司的兴衰，而非个人的荣辱。因此，他们会为公司选拔极其优秀的继任者，完成下一代的辉煌。那些缺乏谦逊精神的带头人，则完全以自我为中心，关注自身价值的实现，因而往往无法帮助公司实现持久的卓越。

同时，具备谦逊精神的第五级领导者在对待责任和功劳的态度上，与其他类型的人截然不同。在这些极为优秀的人身上，有一种被柯林斯称作“窗户与镜子”的处世模式。这些人习惯了向窗外眺望，将功劳归结于外部因素而非个人。同时，他们时刻不忘对镜自问，自己到底该承担哪些责任。如果事情进展不顺利，他们会将之归结为自己的责任，而从不把其他外部因素当作借口。

那些没有谦逊精神的管理者的做法则恰好相反。他们总是盯着窗外，将某些外部因素视作失败的原因；形势大好时，他们则对镜自赏，将功劳揽到自己身上。

真正的卓越者，恰恰是由谦逊的品质造就的。

>>> 走一步看三步：时刻保持长远眼光

具备长远的眼光，无疑会增强你的隐忍力。1987年，美国股市突然暴跌，巴菲特持有的重仓股大幅贬值，他的个人财富也大幅缩水，然而他表现得异常平静。无数双充满恐慌的眼睛转向巴菲特，他淡淡地回答道："没什么，也许股市过去涨得太高了吧。"巴菲特为什么能够如此从容不迫？因为他坚信自己选定的这些上市公司具有长期的竞争优势，投资价值很高。跟天灾一样，股灾迟早会过去的。这些公司内在的投资价值迟早还会在股价上体现出来。

结果，巴菲特顺利度过了这次股海风波。"股神"的长远眼光造就了他惊人的隐忍力。

我有一个在国内的朋友，他在大学毕业之后，曾经开办了一家网上物流公司。那时，互联网泡沫膨胀到极致，他激动地看到了网络物流发展的潜力，于是花光了自己所有的积蓄成立了公司。由于经验不足，加上选择的合作伙伴们不成熟，他的公司在开业之后没多久就陷入苦苦挣扎的境地。

紧接着，网络经济进入寒冬，公司经营愈加困难。面对迟迟不能盈利的窘境，他先后改行尝试了IT软件服务、硬件代理销售等近十种业务，甚至，有一度他还考虑在电脑城卖便当维持生存。结果，两年之后，他几乎完全弄不清自己创业的目标是什么了，公司也因无法盈利而倒闭。

这段痛苦的经历使他认识到，自己缺乏走一步看三步的长远眼光。他感到自己做事浮躁，对于一件事情往往没有清晰的认识就急于尝试。很多人失败的原因都跟我这位朋友一样，对未来没有明晰的思路，根本不知道什么时候该做什么。结果，在很长的一段时间里，一会儿做这个，一会儿又做那个，最终一事无成。

经过反思，他开始认识到，无论做什么事，都要给自己制订一个比较清晰的目标。不一定要求自己能看多远，但最起码我们要弄清楚自己到底要去干什么。

事实上，在现实生活中，像这样的短视行为实在是太多了。

有的人刚点击了电子邮件的“发送”按钮，就立即懊悔了；有的人心情沮丧，即刻对他人怒声责骂……我们一辈子做过的懊恼事总是说不完的——吃喝太多，锻炼太少，睡眠太少；在很多没用的东西上浪费金钱，背负债务；武断地评判别人；太在意自我的需求，麻木不仁地忽略他人的需要。

上述这些行为的出现，正是因为我们缺乏一个长远的眼光和规划，以致我们想坚持一些好的习惯，也无从做起，根本不知道该做些什么。

你一定听过下面这个故事。

从前，有两个穷苦的人得到了一位长者的恩赐：一根钓竿和一篓活鱼。一个人拿走了活鱼，另一人拿走了钓竿，两人就此分道扬镳。得到鱼的人非常兴奋，他就地取材，用干柴搭起篝火煮熟鱼，然后狼吞虎咽地吃起来。还没等他品尝出鲜鱼的味道，鱼就被吃光了，连汤汁都没剩下。不久之后，他抱着空空的鱼篓饿死在路旁。拿到钓竿的人，继续忍饥挨饿地一路向海边奔去。等到大海出现在眼前时，他也用尽了最后一丝气力，带着无尽的遗憾离开了这个世界。

同样的开始，有不同的结局。同样是两个穷苦又饥饿的人，长者恩赐他们一根钓竿和一篓鱼。这两个穷苦的人没有各奔东西，而是商定一起去找寻大海。在寻找大海的路上，两人每次只煮一条鱼。经过艰苦的跋涉，鱼吃完了，他们也顺利来到了海边。从此，两人开始了捕鱼的生活。几年后，两人各自娶妻生子，建造了自己的渔船，过上了幸福安定的新生活。

只顾眼前利益的短视者，得到的只是短暂的满足与欢愉；目标高远、从长计议的人，得到的却是长久的幸福。

2010年，我因为参加一次大型商业峰会，有幸结识了一家餐具公司的老总杰西卡女士。如此年轻就能经营这样一家大型公司，让我不禁大吃一惊。对于我的诧异，杰西卡仿佛已经习以为常。席间，我们攀谈起来。杰西卡告诉我，这次峰会所有的餐具都是由她的公司提供的，如果我的公司需要，她很愿意为我提供全美最好的服务。

我们聊得很愉快，用餐的时候，我发现刀具上竟然有未干的水渍。杰西卡立刻叫来服务人员，为我换上一套全新的刀具，并向我郑重地道歉。最让我意外的是，她希望我能接受公司为此事提供的一份“补偿”——为我的家庭餐具免费消毒一年。

我向她表示这只是一件小事，她并不需要为此道歉，而且餐具是干净的。但是杰西卡非常认真。她坚持道：“请您宽恕我们的失误。如果每一份刀具都有水渍，我相信我的公司明天就要关门了。”

杰西卡的坚定让我无法再拒绝，之后，她告诉我，她刚刚度过了一个危机。上个星期，杰西卡跟一家著名的食品公司签订了一份大合同，向这家食品公司按时按量地提供十万套一次性餐具。这笔生意无疑会给杰西卡的公司带来丰厚的收入。

然而，就在交货日期的前一天，杰西卡得知运输餐具的必经路段出现故障，必须进行检修。运输公司的临时违约，让杰西卡的公司无法准时交货。

事态变得严重起来。这是杰西卡的公司第一次与这家大型食品公司合作，如果无法准时交货，无疑会损害自己的信誉并大大影响之后的合作。不过，话说回来了，现实情况是运输公司出现了问题，与杰西卡的公司关系不大。如果杰西卡能和合作公司沟通一下的话，晚一天交货，应该也不成问题。

然而，杰西卡决定出资租飞机，准时送货。这样一来，成本至少要翻两倍，计算下来，这笔生意有赔无赚。杰西卡的决策遭到了领导层几乎所有人的反对，然而她毅然决然地坚持了自己的决定。

最终，货物准时送达食品公司。当食品公司的高层得知杰西卡的举动后，当场拍板与她签订了长期采购合同。

杰西卡暂时损失了一部分运输费用，却赢得了金子般的信誉与长期的合同伙伴。眼光长远一些，确实能带来更多的收益。

事实上，我们每个人本来都有能力像杰西卡那样，走一步看三步，把事情做得更完美。但是在现实生活中，为什么仍旧有很多人会选择把眼光盯在三米之内，做出愚蠢的选择呢？

有人说，是因为我们对其他的人与事不太了解，无法做出正确的判断。这个观点看上去很有道理，其实不是问题的本质所在。缺乏长远眼光的根本在于我们对自己了解太少。大多数人都不知道，每个人都至少有两个截然不同的自我，他们对两者之间的了解甚少。如果你能静下心来仔细想想，就能发现两个自我的真实存在。你表现最好的时候是什么样子，表现最差时又是什么样子？两者虽千差万别，但都是真实的你。

在正常状态下，每个人的副交感神经系统与前额叶质层掌控一切。两者合力工作，保证我们清晰、冷静地进行逻辑推理与思考。有专家将这两者合称为“表现区”（performance zone）。在这个区域内，我们的大脑得以正常运作，并保持最佳状态。

然而，一旦我们感受到潜在或显性的威胁，交感神经系统就占据了主导位置，第二个自我显现出来。大量的压力激素不断释放，前额叶质层关闭，在这种情况下，我们的一切反应都趋向于原始本能，变得既狭隘又短视。

我们被或战或逃的生理机制所驱使，要么主动进攻，要么赶紧逃避。此时的我们完全处于“求生区”（survival zone）的控制之下，即在求生的本能下，做出相应行为。

尽管当我们遇到极大的生命威胁时，这一区域能帮我们逃生，但在我们需要思考的时候，这个区域就变得无足轻重了。然而，关键问题在于，当面对一般性威胁时，比如同事或上司对你提出批评，我们的生理结构会不自觉地助长这种或战或逃的本能反应。如果你顺从了身体的反应，就会丧失理性与反思的能力。遗憾的是，大多数情况下，我们顺从了本能，却完全没有意识到这究竟是怎么回事。

“你在做那件事的时候脑子里在想什么？”这是一个你问过别人，别人也问过你的经典问题。

我不知道你是如何回答这个问题的。

绝大多数情况下，真实的答案都是，什么也没想，只是本能地做出了反应而已。

压力激素一旦在体内消退，我们又恢复了有逻辑的思考能力。不过，这并不意味着我们会主动为此前的本能反应担负责任。与之相反的是，绝大多数人会选择动用前额叶质层为自己的错误开脱。即便是自己的行为对他人造成了实质性的伤害，也依然竭尽全力想证明自己行为的合理性，以此来推脱自己所应承担的责任。

我们这样做，其实是在滥用自己的认知天赋。这是造成我们短视的根源，是我们无法形成长远眼光的根本阻碍。

那么，我们应该如何阻止本能的恶劣行为呢，特别是在受到威胁的情况下？

首先，要弄清楚自己的情绪在哪个时间点上开始变得消极。当情绪倾向于消极时，你的身体会出现心跳加快，胸口、下巴或前额逐渐收紧的状况。

其次，当你感受到负面情绪时，遵循简单的“触发器黄金定律”。当你感觉自己在被迫做某件事时，不要去做，停止行动。冲动的选择无疑都是错误的，不会给你带来好的结果。

若你明显感觉到自己进入了“生存区”，记得提醒自己：“我要进去了。”然后尽量深呼吸，使自己的身体平静下来。

最后，感觉你双脚的力量，摆脱繁杂的念头，脚踏实地地面对现实。

这些简单的动作，可以为你争取逻辑思考的时间。等心灵渐渐恢复平静时，你可以问自己：“如何才能表现出自己最好的一面呢？该如何行动？”而后，你自然会做出清晰的规划，用理性的那一面展开行动。

>>> 任何时候，都请不要丢弃全局意识

如果你仔细分析那些成功人士的成功秘诀，一定会发现，他们无一不是规划全局的高手。全局意识让他们无论做任何事情都能从大局和整体的利益出发，哪怕只是在企业内部做出一个小小的结构调整。中国的象棋对弈很讲究战略战术，要想取得最终的胜利，要事先规划好一兵一卒的每一步，而一旦纠结在一步的输赢上，最后必定是被对手杀个满盘皆输。

我的广告公司在规模扩展的时期，曾经举办了一次范围较大的招聘会。在总经理职位的招聘中，人事主管特地安排了四十多个行

业精英同时参加面试。他们个个都出类拔萃，对业内行情的了解、对市场动态的熟悉、丰富的从业经验，以及良好的社会关系，让他们个个显得自信非凡。公司数名负责招聘的人员悉数进场，很多人顿时惊讶地小声嘀咕起来，因为身经百战的他们没有料到，面试内容居然是“考试”！

待大家安静下来之后，公司的招聘主管走到前面，对大家说：“感谢大家的参与！时间有限，我不多说了，下面发试卷，考题要求在三十分钟内完成。考试之后，我们会及时请咨询专家组成评估小组来评阅试卷，并及时公布招聘结果。”拿到试卷后，应聘者更惊讶了。试卷整整十二页，五十道题目，包括了逻辑推理题、数学运算题、看图解答题、综合分析题……三十分钟怎么可能完成那么多题目！

抱怨声、叹息声仅仅持续了短短十秒而已，大家都开始奋力答题，力求以最快的速度完成试卷。考场变得异常安静，只能听到沙沙的写字声。有几个人连咳嗽都忍住了，他们生怕耽误答题时间。手表也来不及看了，这么宝贵的时间用来看手表实在太奢侈了。

三十分钟很快过去了，许多人依然在埋头拼命答题。工作人员要求大家停笔交卷，不满声、抱怨声充斥了整个考场。“这是应聘考试吗？”“不公平嘛，这是在比谁答题速度快！”

某个应聘者抢在最后一秒填了一个答案，放下笔时，脸上露出莫名的兴奋之情。毕竟多答了一道题，就多一点成功的机会。

招聘主管一面示意大家安静下来，一面大声地询问：“谁完成了试卷？有谁完成了，请举手！”

底下的议论声更响了。

“这么多谁做得完！”

“来个专家也不行呀。”

“出题的人脑子进水了！”

…… ……

仿佛过了一个世纪，在一片嘈杂声中，一个略显消瘦的年轻人自信地举手示意：“我做完了！”

全场一片哗然，继而又变得异常安静。所有人都齐刷刷地将目光投向那个小伙子。

主考官很高兴，他走下台，拿过年轻人的试卷，翻到最后一页，认真地看了看，而后微笑着宣布：“很好，你被录取了！”

台下的哗然演变成一片混乱。

“这也太不公平了！凭什么呀？你们说的评估小组呢？”

“这是典型的内定啊！”

“腐败呀！大公司最腐败！”

应聘者们越来越激动，越来越愤怒。

“他怎么做完的？我们要求看看！”有人站起来提议。

“对，我们要求看看。”骚动的人群一起附和着。

主考官自信地举起了小伙子的试卷，朗声说道：“好，大家不妨一起看看吧！”

“啊，全是空白，这还能录取！”眼尖的应聘者尖叫起来。不满的声音越来越大，整个考场似乎马上就要爆炸了。

主考官不做解释，继续一页一页翻着那份试卷给大家看。1页、

2页、3页、4页……12页，全是空白。

“什么意思？”“这也能录取？”“早知如此，我也不答了。”这下子，考场彻底爆炸了。

主考官清了清嗓子说：“大家仔细看第12页，认真审阅试卷的第47题。”

大家纷纷翻到试卷的第12页。只见上面写着——

第47题：“如见本题，前面一切题目不必作答，直接跳到第49题。”

第49题：“请简要写明你的工作经历以及兴趣爱好。”

第50题：“留下你的姓名以及联系方式。”

这样的试题，其实只需要十分钟即可完成，三十分钟实在太长了。

主考官接着说：“我想，我的公司所要的人才一定是能够全面考虑问题的人，他必须具备全局意识，唯有如此，方能为我的客户提供简捷有效同时也是最合理的广告方案。”

没有全局观念，只埋头于具体事务，我们每个人也都会如那些应聘者那样，对暂时无法理解的事物抱持质疑、愤慨、抱怨的态度，从而无法平心静气地分析和思考。如果没有全局和整体的思维，即使局部做得再完美也是没有任何意义的。

法国著名的雕塑家罗丹花费了很长时间，终于雕塑出了巴尔扎克的雕像。罗丹对自己的作品很是得意，他反复地看着，觉得这真是一件伟大的作品。于是他连夜叫醒了一名学生来品评自己的“著作”。

学生大致地审视了一下这尊雕像之后，目光停留在了雕像的双手上再也没有离开，似乎雕像只有双手而没有其他了。过了好长时间，学生喃喃自语道："这真是太美妙了，我从来没有见过这么逼真的一双手啊！"

罗丹脸上的笑容消失了，他焦躁地在屋里踱来踱去。过了一会儿，又叫醒了另外两名学生。他对学生说："巴尔扎克的雕像终于完成了，请你们好好地看看这尊雕像吧。"

这两名学生的反应和刚才的学生一样，他们的目光最后都不约而同地落在了雕像的手上。他们对老师说："这尊雕像最成功的部分就是这双手了，简直是栩栩如生啊！"

三个学生不谋而合地赞叹着这双手，罗丹突然吼叫了起来："手，手，手……"说着，他提起一把斧子，直奔雕像，把那双"完美的手"砍掉了。

"完美的手"夺去了雕像的整体之美，使得人们的目光完全被局部所吸引，似乎罗丹雕的只是一双手而已，而不是一尊人物塑像。这样的"完美"使得雕像失去了本来的意义，所以，罗丹为了保住整体，果断地砍掉了那双手。

一个人只有具备了全局意识，才能看到事物的整体意义，而非纠缠于某个细节。也只有从全局出发，才能看清楚更长远的目标，着眼于更长远的利益。

那我们要如何才能拥有全局意识呢？

1. 不要执着于当前的"局部环境"

全局意识修炼的第一步，是从执着于局部的真实情绪中抽离出来，学会抓住事态的整体方向。

我曾经应邀参加一位著名的哲学教授的演讲会。当天晚上，教授和陪伴在他身后的两个学生一同挥手入场了。但是这时，只听“嘭”的一声巨响，大家全被震住了。大家盯住教授的位置观看，原来是他身边的一个暖水瓶爆了。教授一脸歉意地说：“真的很抱歉，我不小心闯了祸，坏了大家的兴致，我向大家道歉。”说着，教授起身一个深鞠躬，会场转眼又成了欢乐的海洋。

事后我一脸不解地向教授请教：“水瓶是自己爆的，我看到了，为什么您偏要承认是自己的错呢？”教授回答道：“不承担这个责任，我会失去声誉。水瓶离我最近，没人相信不是我碰的。你相信水瓶会自己爆炸吗？”

我惊讶于教授的解释，但是仔细想想，确实是这样啊！

我们可以设想另外一个场景：暖水瓶突然爆炸了。众人齐刷刷地盯向教授。面对这么多目光，教授惊讶不已，心慌意乱。于是教授赶紧反问道：“怎么回事？吓了我一跳！这事跟我可没关系啊！”大家纷纷议论起来：“到底发生了什么事？”“爆炸声到底是什么？”“难道这个地方不安全吗？居然把教授都吓着了！”如果教授较起真来，当然没人会责怪他，却可能将会场的氛围给弄僵了。这样做，也许抓住了局部的真实，却破坏了整体的和谐。

然而，当教授承认自己不小心闯了祸，并向大家道歉后，氛围就立即变得轻松起来。归根结底，大家在乎的是会场的和谐热闹，没有人在乎到底是谁把暖水瓶碰翻了。教授成功地抓住了这个事件的整体意向，充满全局观的他，没有执着于局部真实，而是直接上升到了整体真实。

2. 从细节的变化去判断全局

海尔集团执行副总裁周云杰曾表示，总裁张瑞敏最让他佩服的特质是见微知著。同样一件事，一般人需要从各种各样的渠道收集信息，然后才能形成准确的判断。张瑞敏却常常能从一个不起眼的细节出发，形成一个准确的整体判断。这一突出的能力，确非常人能及。

海尔的总裁张瑞敏曾经前去视察北京自主经济体的运行，视察完毕之后，立即给周云杰打电话："北京的自主经济体有什么问题没有？"周云杰自信地回答道："挺好的，没问题！"张瑞敏没有顺着对方的思路走下去，紧接着又问："当真没有问题吗？"这一问，周云杰才意识到他肯定发现了问题，而且还是事关全局的大问题。周云杰赶快在自己脑中搜索相关信息，补充说："近期几个地方的分公司考核出现了些问题。"总裁没有继续问下去，而是直接挂断了电话，接下来具体如何解决问题则是周云杰的任务了。

张瑞敏是如何发现问题的呢？他在视察时究竟出了什么情况？

原来，张瑞敏在视察时问一个员工，你上个月卖了多少台？员工并没有干脆直接地回答，而是支支吾吾地说了一个大概的数目。张瑞敏根据这一细节，判断出考核指标还没有落实的情况。而周云杰得出这个结论，则是根据全国二十多条渠道反馈的信息琢磨出来的。张瑞敏不需要那么多信息，依然做出了准确的判断。

这种见微知著的良好素质，正是他形成全局意识的关键。

两个人对话时，如果一方感觉对方说的很合自己的心意，往往会迫不及待地插话，打断对方，说出自己的看法，而忽略了他人还没说完的话。或者，他自认为已经很了解对方要说什么了，变得心不在焉。其实对方很可能在做些铺垫，真正重要的信息还在后边呢。如此仓促地打断对方，无疑会影响我们了解事实，进而使我们无法做出全局性的判断。

张瑞敏从不这样做。与人对话时，他总会静静地倾听，绝不打断对方。事实往往就在一个人原原本本的叙述中涌现出来。

在倾听的过程中，张瑞敏非常注重保持内心的平静，以此来进入对方的内心，倾听出对方的深层情感及事件背后真正的缘由。很多时候，两人的对话，嘴上说的并非是心里所想。张瑞敏能够通过他人嘴里说的，看到对方心里想的，然后正确地判断出语言与真实想法之间的差异，从而把握对方的真实想法。与此同时，他还能洞悉叙述的事实中掺杂的感情因素有多少。

从一些看似很小的细节入手，进行信息的总结，是他能够得出准确的整体判断的根本所在。

>>> 制订一份完整的计划书，并加以严格执行

威尔斯总是在我为公司的业务愁眉不展的时候告诉我："嘿，伙计！开心点，我们的计划是最完美的，它仅仅需要一群聪明人坚定地听从它的命令前进就可以了。"威尔斯的安慰确实很有效，总是能够将我从焦虑中解救出来。而事实也正如他所说的那样，每一

个按照我们的计划进行的项目，最终都顺利地完成了。

我喜欢把做计划比作玩解锁游戏，游戏进行时，你需要一步步地按照规则和缜密的思路进行，只要一步出现错误，就可能会陷入僵局。任何事情都是如此，倘若你不能有目的地前进，就会不断打乱自己的计划，制造出很多不必要的麻烦，最终的结果便是永远达不到理想的目标。

曾经有两支队伍都准备去南极探险，他们分别是来自挪威的阿蒙森团队和来自英国的斯科特团队。两支队伍都想率先完成人类从未完成的挑战，抵达南极。

我们来看一下两支队伍的结构构成。阿蒙森团队一行五人，而斯科特团队则由十七个人组成。按理说，人数占优势的斯科特团队应该胜算更大，但是结果截然相反。他们几乎同时出发，但阿蒙森团队在两个多月后，率先顺利地到达了南极点，并在那里插上了挪威国旗。人数众多的斯科特团队，晚到了很多。更糟糕的是，他们非但没有成为第一个到达南极的团队，而且因为返回的途中遭遇恶劣天气，全军覆没了。阿蒙森团队不仅率先到达了南极点，而且又安全地返回了基地，无一人受伤。

两个队的策略和事前准备存在着显著的差别，这是造成不同结果的根本原因。阿蒙森团队虽然人少，但他们的物资准备非常充分，整个团队携带了将近三吨的物资，足够他们一行五人的往返行程。而斯科特团队的人数众多，却只准备了一吨的物资。

一吨的物资在理论上是足够的。如果整个探险过程十分顺利且不犯任何错误，这些物资刚好够用。不过，理论上可行，并不代表现实就可行。在现实中，探险队会不可避免地遭遇诸多压力和很多未知的困难。在压力与困境面前，队员难免犯下错误。斯科特团队的计划卡得太紧，在出发前就埋下了潜在的危险种子。

而阿蒙森的团队准备工作做得非常出色。虽然他们的团队只有五人，却足足准备了三吨的物资。这使得他们有足够的空间去犯错，能有底气地与困难的环境做斗争。

事实上，在探险过程中，两队遇到的环境差不多，但是为什么结果截然不同呢？阿蒙森团队用一句话总结他们的成功经验：无论天气好坏，每天坚持行进三十公里。在一个极限环境里，持续做得好，才能做到最好。这正是他们成功的关键。

斯科特团队则比较随心所欲。天气好时，他们迅猛前进，一下子前行四五十公里甚至六十公里。天气糟糕时，他们几乎停滞不前。结果，连续的恶劣天气，让他们失去了耐心和前进的勇气。最终，迎来了全军覆没的悲壮结局。

由此来看，隐忍必须从制订计划开始。如果你明天有很多要做的事情，制订完整的计划书是第一步，也是至关重要的一步。

1. 你的目标是什么？

目标一定要清晰。一个人只有制订了清晰的目标，才能感觉到生命存在的价值与意义，从而生发实现目标的动力。没有目标的人，或者目标模糊的人，与盲目航行的船一样，必将驶入死亡的海域，与胜利的彼岸渐行渐远。

2. 你需要为此做什么？

对于所要完成的任务，一定要分清轻重缓急。特别是要搞清楚什么任务是非做不可的，什么任务是非你不可的。非做不可的，同时并非是需要你亲自完成的，你可以安排别人去做，自己给予一定的帮助或者进行必要的监督就可以了。

工作效率高的人，通常对无足轻重的事情无动于衷，对要事却锱铢必较。如果我们强迫自己做好所有的事情，结果通常是每一件事都做不好，包括重要的事在内，这就得不偿失了。坚持“要事第一”的原则，是我们做好事情的关键。我们只有将最多的时间和精力，投入到至关重要的事情上，才能最大限度地创造价值，迅速地做出成绩。

3. 对你来说什么最具有价值？

最具价值的事，往往是那些重要而不紧迫的事，而这些事才是值得我们耗费大量精力去完成的。它们直接决定了我们能否取得真正意义上的成绩。根据巴莱托的80/20定律，最合理的做事方式，就是用80%的时间来完成能给自己带来最高回报的事情，剩余20%的时间则用来做无关紧要的事情。那些成就非凡的人，都忠实地拥护这个定律。

4. 做什么事情最能让你满足？

最让你满足的事未必是最有价值的。那些让你满足、快乐的事情，才能真正点燃你的激情。因此，我们应尽量抛弃那些让自己感觉乏味甚至厌烦的事，做那些既有价值又让自己感到满足的事。这样，你既可以取得令人瞩目的成就，又不失人生的乐趣。

回答完毕上述四个问题之后，你所要做的就是根据事情的轻重缓急展开行动。很多人总是倾向于根据事情的紧迫程度来行动，而置事情的优先程度于不顾，这种做法注定了他们无法有所成就。按事情的优先程度开展工作，是取得成绩的根本。每一个懂得生活的人，都是这样做的。

日本的造船大王坪内寿夫就是典型的范例，他非常注重“先做要事”这一点。每天上班时，造船大王总是会先列出哪些是重要的事，哪些是紧急的事。做好简单的分类之后，他将很多需要自己处理的紧急而非重要的事情抛开，集中全部精力处理最重要的事情。而那些根本不需要自己亲自处理的急事，他就让助手去办。井井有条的做事方法，极大地提高了他的做事效率，他的来岛集团很快跃居日本第一，并一举成为当时全世界最大的造船集团。

根据事情的轻重缓急，制订了清晰的计划书之后，下一步就是紧紧地抓住每一秒钟，开始行动。

巴尔扎克曾经说，对每一个人来说，最大的财富就是时间。没有时间，一切都是空谈。善于运用时间，也是一个成功者最鲜明的特质之一。

在生活和工作中，我们不止一次听到这样的抱怨：“我非常努力，忙得连喝水、上厕所都顾不上，但是工作实在太多，我实在无法完成啊！”完不成工作，显然不是因为他们偷懒，也不是他们的能力问题，根本在于他们没有有效地利用时间。他们的时间没有用在刀刃上。那么怎样才能有效利用时间呢？

有效利用时间的关键在于善于见缝插针地挤时间。时间就犹如海绵里的水，只要善于挤，总会有的。所以，无论工作多么繁忙，时间多么紧张，只要你能见缝插针，总会获得比别人多的时间。当你在候车、等人、开会时，如果你能告别无所事事的状态，“挤出海绵里的水”，利用它做些细微的小事，比如看报纸、与人交谈、访问调查等，日积月累，当然会收获更多。

最重要的一点是，今天的事务务必今日完成，绝不拖延到明天。最简单有效的提高时间利用效率的办法莫过于此。日本效率专家桑名一央曾说，昨天不过是过期的支票，而明天是预支的支票，唯有今天才是货币，人生唯有此时此刻才具有流动性。

具有了明晰的计划书，同时又能充分有效地利用时间，事情的重心就转移到一步一个脚印、踏实地执行你的计划上了。“踏实”并不意味着原地踏步和故步自封，它是一种智慧，是一个过程，是稳中求进，更是坚持不懈。在这个颇为漫长的过程中，只要你能咬紧牙关，一点一点地取得进步，定能赢得最终的胜利。

Part 3

做好隐忍的时间规划

等待能唤醒隐忍的力量。耐心地等待，方能提醒自己知道的与能够知道的东西到底有多少，才能避免局限性，把自己的愿望框定在自己的能力范围内。因为，唯有在等待的时候，我们会更注意来自心底的感受，更倾向于试探性的归纳和分析。我们在等待的状态下，不停地吸收各方信息，大量有效信息沉淀在心底，才能做出最接近事实的判断。

>>> 冲动是一切思想和行动的“魔鬼”

在生活中，许多人都遇到过这样的情形：工作上比较得意的时候，却忽然发现同事在背后说自己的坏话；心情不愉悦的时候，偏偏周围的环境又让人愤怒不堪；你认真耐心地向客户分析产品，他却故意吹毛求疵……这时候，人们的情绪往往很容易被点燃，盛怒之下，更是会做出一些事后让自己悔恨不已的举动。

西方有一句谚语说：“上帝欲使你毁灭，必先使你疯狂。”在不理智的情况下做出任何选择和决定，都可能造成不良的后果。而事实上，生活中很多时候，将我们击败的并非不可预料的困难和灾难，而是我们不能自控的情绪。

每个人都知道冲动的害处，但是一旦处于某种特定的情况下，他们即便了解一时冲动将带来的惩罚，也无法克制自己。

我在国内有一位姓潘的朋友，他曾经是一家广告公司的业务员。2005年7月，他听从朋友的建议，跟几个要好的同学投资开了一家服装店。创业之前，我的朋友对服装行业本身并不了解，对如何经营一家公司更是一窍不通。在创业过程中，除了公司遇到大事需要他参加股东会议之外，他平时只是偶尔去服装店看看而已，具体的服装生意都由朋友们来打理。

服装店刚开始经营时，总是赔钱。一连赔了三个月之后，他们实在没有耐心坚持下去了，只得关门，各自寻找工作去了。他们的投资，就算是交学费了。朋友对我回忆说："那时真是太冲动了。说起来实在惭愧，我们都没有经营服装店的经验，只是感觉自己买衣服时眼光不错，卖衣服肯定也错不了。但是，创业开店与买衣服完全是两码事，进货、库存、换季、促销等每一个环节都需要相关的经验……"

潘先生的经历并非个例，与之类似的故事其实每天都在上演。在中国，创业似乎已经成为一种风潮。在媒体的渲染下，年轻人抑制不住渴望成功的激情，在他们眼里，似乎市场上处处都有机会，只要肯干苦干就能赚到金钱。不可否认，社会转型时期的中国确实处处充满机会。可是机会多并不意味着每个人都抓得住。在如今这个开放的市场环境下，做任何事情确实都可能赚钱，但是做任何事情同样也可能赔钱。抓住机会赚钱，靠的不是冲动，而是踏踏实实地练好基本功。

对任何一个志在创业成功的人而言，需要准备的要素很多。经验、技术、人脉，等等，每一个环节都需要精心的准备，只有真正把这些要素都准备得特别到位的时候，创业才可能成功。反之，如果把事情看得相对简单，不能做好充足的准备，如我的朋友那样，仅凭一时的冲动，就稀里糊涂地走上创业路，结果只有一个——失败。

创业不能冲动和盲目，生活中任何事都是如此。冲动是魔鬼，一个人在冲动的状态下做事，无疑会造成非常不理想的后果。

>>> 让耐心等待成为一种本能

我们之所以做出冲动的行为，经常是因为失去了等待的耐心。而想要克服冲动，就要把等待上升为一种品质。这也意味着，我们需要抱定与问题搏斗到底的坚定意愿，而不是妄下结论；我们要仔细观察事物之间的细微差别，而不是不假思索地选择性“站队”；始终抱着开放性的态度去学习，慢慢改变自己，而不是固守以往的经验，止步不前。

巴菲特简直可以说是有着“超人”般等待意志的大师，在他的投资生涯中，他不断地强调等待的价值和意义，任何短线操作对他来说都像是“一夜情”一样荒谬至极。在投资界，没有人比巴菲特更耐得住长线考验，他耐心等待的决心到了什么程度呢？他曾经说过这样的话：“我最喜欢持有一只股票的时间是永远。”“我愿意和我的股票白头偕老。”

能够持久等待的品质，使得至今已经八十多岁的巴菲特仍旧能够轻松地管理着伯克希尔三千多亿美元的投资，而且这并不妨碍他经常外出参加朋友间的聚会。

对我们而言，等待不仅是一种优秀闪光的品质，更是一条以自省和有节制的信心平衡自己行为的道路。

我认识一位知名的推销大师，在他即将告别自己的推销生涯之际，应各界人士的邀请，在体育馆里做了告别职业生涯的演讲。

演讲那天，会场人山人海，每一个到场的人都热切而焦急地等待着他们心中最伟大的推销员做精彩的演讲。大幕徐徐拉开，台上支起了高大的铁架。在铁架的支撑下，舞台的正中央吊着一个巨大的铁球。

身负盛名而今已经老迈的推销员走上舞台，红色的运动服和白色的运动鞋让他显得十分精神。观众用无比热烈的掌声迎接他，然而他不动声色，只是静静地站在铁架的一边。

慢慢地，会场安静下来。所有的人都惊奇地望着他，想要看清楚他到底要做出什么举动。

这时，两位工作人员抬着一个大铁锤走上舞台。他们将锤子放在老人的面前。主持人开始喊话了："请两位身强体壮的观众到台上来。"好多年轻人争相跑向前台，其中两名动作稍快的获得了机会。

老人示意这两人用那个大铁锤，去敲打那个吊着的铁球，直至它荡起来。

其中一个年轻人抢先拿起铁锤，拉开架势，拼尽全力向大铁球砸去。一下，两下，三下……舞台上响起震耳欲聋的敲击声。很快，他变得气喘吁吁，再也抡不动铁锤了，那吊球却纹丝不动。第二个年轻人，在观众的呐喊声中开始尝试，结果跟前面的人一样，人早已疲惫不堪，铁球却一动不动。

台下的呐喊声逐渐消失，观众们静静地等待着老人的解释。

然而，老人没有做出任何解释。他从上衣口袋里掏出一把小锤，然后认真地用这把小锤去敲击那个巨大无比的铁球。小锤子与那个铁球相比，实在太小了，简直不值一提。老人用小锤对着铁球“叮”地敲了一下，而后停顿一下，再一次用小锤“叮”地敲了一下。人们好奇地看着老人的举动，时间在“叮——叮——”的敲击声中消逝……

十分钟，二十分钟，二十五分钟……会场不再安静，很多人已无心等待，他们开始用各种各样的声音与动作发泄自己内心的不满——叫骂声、口哨声，不绝于耳。老人不为所动，仍然一小锤一小锤地工作着，他似乎什么也没有听见。有的人已经愤然离场了，会场上出现了大片大片的空缺位置。那些留下来等待的人，也失去了叫喊的力气，会场渐渐重归宁静。

四十分钟过去了。“球动了！”坐在前排的一个妇女的一声尖叫惊动了全场。全场的人再次把注意力放在那个铁球上，它确实是在动，以很小的幅度摆动了起来，不细看的话很难发觉。老人不理会人们的骚动，仍旧一小锤一小锤地敲着，在寂静中，在场的每一个人都似乎听到了那把小锤敲打吊球的声响。渐渐地，吊球荡起来了，越荡越高，支撑它的那个铁架子发出“哐哐”的响声。这个令人惊奇的现象，以巨大的威力强烈地震撼着在场的每一个观众。热烈的掌声持续响起，老人转过身来，把小锤子揣进兜里。

在人们焦灼的等待中，老人只说了一句话："如果你没有耐心去等待成功，那么，你的一生都将难以避免失败。"

等待能唤醒隐忍的力量。耐心地等待，方能提醒自己知道的与能够知道的东西到底有多少，才能避免局限性，把自己的愿望框定在自己的能力范围内。因为，唯有在等待的时候，我们会更注意来自心底的感受，更倾向于试探性的归纳和分析。我们在等待的状态下，不停地吸收各方信息，大量有效信息沉淀在心底，才能做出最接近事实的判断。

>>> 做一个称职的时间规划师

"隐忍"并非让你无休止地等下去，无尽的等待换不来成功。这是我们所应该清楚的。作为一位真正称职并有效的隐忍战略的执行者，一定要善于给自己的等待限定一个时间，并对此进行控制。

年轻的时候，我不是一个善于隐忍的人。在时间的处理上，我有很多问题：

第一，我总是不能按计划行动；

第二，我无法有效利用空闲时间；

第三，工作效率太低；

第四，时间安排十分混乱；

第五，生活没有想象中那样充实；

第六，我的生活没有具体的战略设计。

这些问题造成了我接二连三的失败。在对前途的迷茫中，我的人生理想的实现被一次又一次地延迟，一度我感觉再也没有成功的希望。

我想，很多人也有过同样的困惑与问题。解决这些问题的关键，在于控制时间。想要控制时间的话，第一步就要学会进行规划。控制始于规划，规划的本质就是将未来搬到现在，通过规划掌握我们现在的行为，以便对可预见的未来进行控制。

想要规划好时间，你必须反复研究自己的计划。特别是刚开始的时候，任何人的目标都不是清晰的、集中的。目标的清晰化与集中化，是一个不断进行选择、不断修正与舍弃的过程。在初步设定一个目标后，我们通过实践，对计划的重要部分进行不断的修改，计划的内涵才会变得丰富起来。当然，在整个过程中，认真规划时间的人还会不断检视自己的执行情况。通过问题的反馈，进行必要的调整。

任何长期目标都有一定的时间期限。总的来说，长期目标由数个中期目标组成，而数个短期目标组成了中期目标，短期目标则是由日常生活的无数小目标组成。目标的层级关系就像一棵树，躯干代表长期目标，树枝代表中期目标，而日常小目标则是树叶。每一个小目标的实现是中长期目标实现的基础；长期目标的实现，也必须依赖中期目标的完成。

我们人生的终极目标其实是一个抽象的概念，它是个人行动力的灵魂与统帅，贯穿在我们生活中的每一个细小的目标当中。例如，如果你的终极目标是实现自己的价值，为社会做出贡献的话，那么你的学习、工作、生活都应自觉地以它为参照标准。学习是实现自我价值的准备工作，工作则是直接创造财富、实现自我价值的手段，生活上的一些活动则是为前两者补充能量的。也就是说，每一个目标的实现都为你的终极目标的实现打下基础。

在目标管理体系中，大目标统率小目标，小目标牵制大目标，这是一个环环相套的关系。大目标是实现小目标的动力和催化剂，而小目标是实现大目标的基础，它们相互影响，彼此制约。

给你的目标划分层级，然后给这些层级的目标分别设定执行完成的时间。

1984年，日本选手山田本一在东京国际马拉松邀请赛中夺得冠军。这让人们颇感意外，因为在此之前，他是一个名不见经传的选手。在他夺冠的那天，全世界的人都好奇他为什么能创造奇迹。后来，人们在他的自传中发现了秘密。

山田在自传里写道：

每次比赛之前，我都要把比赛线路认真地看一遍，并在自己的路线图上做出醒目的标志。例如，银行是第一个标志，一棵大树是第二个标志，一座红房子是第三个标志……我会这样标注下去，直至赛程的终点。在比赛过程中，我以最快的速度冲向第一个目标，抵达第一个目标后，我又以同样的速度，向第二个目标奋力冲刺。四十多公里的赛程，在被我分解成无数个小目标后，很快就轻松完成了。起初，我并不知道这个道理。最开始参加比赛时，我总是将目标锁定在四十多公里外终点线上的那面旗帜上，尚未跑完十几公里，便已疲惫不堪了，遥远的路程把我吓倒了……

目标的能量是巨大的，不过，这个故事强调的并非大目标的作用，它告诉我们，大目标下分出层次，逐级实现，才能最终实现大目标。

通常来说，设定正确的目标并不难，难的是目标的实现。如果目标实在太远大，我们往往会因为苦苦追求却无法在短期内得以实现而灰心丧气。所以，将一个大目标科学地分解为数个有意义的小目标，落实到每时每刻，才是实现目标的最佳办法。

人生充斥着各种各样的目标，比如终极目标、长期目标、中期目标、短期目标、小目标，等等，这些目标并非处于同一位置上，它们之间的关系类似于一座金字塔。如果我们能严格地为每一个目标标注出清晰的时间规划，在你计划的时间范围内逐步实现各层目标，成功则水到渠成。反之，在计划不明确的混沌状态下，幻想着一步登天，那就绝无成功的可能。

时间的自我控制，大体分为以下几步。

第一，列出你的人生目标的清单。

在清单上写明以下问题：你今生真正想要的东西是什么？什么事情是你最愿意去完成的？有什么事情，倘若你突然发现自己再也无法完成，会为此懊悔不已？

这三个问题的答案通常是一致的，它就是你的人生终极目标。你可以用一句话来概括它。

第二，为终极目标设定合理的时间框架。

终极目标的实现，一般需要十年计划、五年计划，或者一年计划。它还可能会遇到“搁置期”，比如你的年龄、健康、经济状况等不支持它的实现，这就要求你多花一些时间才能达成。

在为自己设定一个大的时间框架之后，你就要详细描绘达到每一个阶段性目标的旅程了，这才是时间控制的重中之重，更是让人热血沸腾的部分。对于每一个低于终极目标的较低层级的目标，都须按以下程序处理：

1. 将每个中期目标单独写在一张白纸的顶端。

2. 在每个目标下详细注明完成它所需要的而你现在却不具备的资源。比如，更高的知识水平、新的职业生涯、新的技能等。如果目标下面还有子目标，务必要清楚注明，以保证你的每一个行动都能与目标对应。

3. 认真思考与检索第二步注明的各项目标，写下你要完成每一步所需要的行动。行动越详细越好，这样才能保证你的目标有确切的行动作为基础。

4. 检查你在第二步里完成任务的时间框架，在每一张目标表上注明完成任务的确切时间。对于无法给定确定时限的目标，你可以先给定一个相对模糊的时限。

5. 检查整个时间框架，确定你的每一小步行动都有相对明确的完成时限。

6. 总结你的整个人生目标，然后确定你最近的一周、一月和今年全年的时间进度表，这样可以保证你立即开始行动。

7. 设定一个进度表，将所有的目标完成时间点都写在上面。这样，可以保证你对所有需要完成的事情有明确的时间概念。在一年或一个月的结尾，回顾你的所作所为，划掉那些已经完成的，标出那些你下面即将需要完成的。

>>> 只要不放弃，最好的机会就会在下一秒出现

从前有一个与一头驴相依为命的老汉，经常在沙漠中出没。每次看到老头这样奔波，小镇上的一老一少两个警察，都感觉好奇。年少的警察向老警察询问："那个老汉看起来没啥追求啊！你看他整天忙忙碌碌的，只知道骑着毛驴在沙漠里寻找金矿，难道他没有别的正经事情要做吗？"老警察慢悠悠地喝了一口啤酒，说道："他当然有正经事要做了。他的正经事不是别的，正是在沙漠里寻找金矿。为了这个理想，他坚持了三十年。他之所以这么坚持，是因为他一旦停下来，自己过去三十年的所作所为就没有意义了。他必须坚持下去，说不定就在下一次，就能找到属于他的金矿。只有持续不断地坚持，他心中的希望才不会破灭。"

这个故事曾使一度深陷迷茫的我豁然开朗。在生活中，有太多太多的东西是在我们放弃之后才出现的。如果当初我们能多一点隐忍，坚持下去，希望就能盛放出最美丽的花朵。感到前途迷茫的时候，我都会想起这位寻找金矿的老汉，心情就变得平静很多。这个坚持了三十年的老人一直在用无声的行动告诉我，只要信念在，希

望就在。

几年前，当我还在亲力亲为地经营广告公司而没有放权的时候，公司出现了一次巨大的资金危机。当时的市场陷入经济发展缓慢的境遇，客户长期欠款，公司的资金链在半年的紧张周转后陷入了死局。我与威尔斯每天奔波于客户和各大银行之间，几乎连吃饭的时间都没有，只为了能够使公司起死回生。但是，情况的糟糕程度远比我们想象的还要严重，被拖欠的款项迟迟拿不到，老客户、新合作伙伴、银行都对我们的信誉产生了深深的怀疑。很多新客户终止了与我们的合作，而银行也不愿意再贷款给我们。我们陷入了彻底的绝境，无法再向前挪一步。就如同黎明前的黑夜，暗得无法看到一丝亮光。

我从没见过威尔斯如此愁闷，以往不管公司遇到何种严重的危机，他都能够轻松地面对。而这次，他看上去完全灰心丧气了，他用嘶哑的声音询问我："我们这次是不是真的完了？"

我和他有一样的担忧和沮丧，但是我始终坚信"天无绝人之路"，所以，我聚起所有的力气露出笑容，认真而有力地对威尔斯说道："伙计，相信我，只要不放弃，一定会有转机。"

事实证明，上帝绝不会阻断勇往直前者的前进之路。一个星期之后，我们终于得到了一家小银行的第一笔"善款"，而我和威尔斯也分别从朋友那里筹集到了一些款项。也许正如那句俗语所说，"当一件事情坏到了极点之后，就会有好运出现，因为不可能再坏了"，在这笔小钱解决了当下最棘手的难题之后，市场开始逐渐转暖，客户的欠款慢慢地回流，而我们的公司也终于渡过了这次难关。

我一直坚信是自己不放弃的信念起到了重大的作用，它让我相信下一秒一定会有奇迹出现。然而，坚持下去并非人人都能做到，遇到困境时，我们大多数人依然难以坚持信念。根深蒂固的惰性，以及浮躁的外部环境，常常让我们茫然不知所措，无法再坚持自己最初的想法。究其根本，是因为我们的信念通常建立在外部世界的基础上，没有回归到自己的内心。外部因素固然重要，它们在一定程度上也能成为我们努力的目标，然而，如果缺乏内心的认知，人就会失去信念的原动力与支撑点。

因此，不管我们是否遇到了困局，都应该清楚，自己到底想要什么，自己的人生目的和意义到底在哪里。这两个问题看起来微不足道，却十分关键。其实，对于这两个问题，很多人连自问的勇气都没有，他们囿于惰性，直接放弃认知与思考，无法坚持也就是自然而然的了。在我看来，坚持来自清醒的自我认知，只有持续不断的自我认知才能带来持续不断的坚持。

持续的坚持，才能点燃梦想。这一秒不失望，希望就会出现在下一秒。前一级台阶踩实踏牢，才能稳步登上后一级台阶。抓牢每一次擦肩的机遇，成功就在眼前。

>>> 把握好时间的维度

一个人经由强悍的隐忍力迈向成功的过程，开始于一个独特的自我定位，而后要经历痛苦的取舍和持续不断的坚持，数年之后，方能收获累累果实。

我们面对更多的是或明或暗的机会，它们并不那么清晰可辨。这些机会对很多人来说都是均等的，能否抓住它们，实现突破，就看你敢不敢将自己的时间、精力，甚至资本押在上面。

我们的内心深处都埋藏着成功的渴望，希望将现在的精力与时间投注到未来的成功上。但是，押宝无疑又是十分痛苦的。最大的痛苦不是过程中的艰辛与等待，而是不知道自己是否能守到“拨云见日”之时。为了避开这些痛苦，绝大多数人宁可放弃机会，去过平庸的日子，也不愿意忍受那份等待中的煎熬。

> 成就“伟大”的孤注一掷

如果有一条前途茫茫的创业路和一条官运亨通的坦途同时放在面前，你会如何选择？

1984年，史玉柱从浙江大学数学系毕业，他立即被分配到安徽统计局工作。与现在不同，那是一个大学毕业生备受尊崇的年代。史玉柱的工作成绩十分突出，1986年，安徽统计局将他纳入干部第三梯队，并委派他到深圳大学软件科学管理系读研究生。毕业之后，史玉柱将一帆风顺地晋升成为处级干部。在很多人看来，史玉柱的将来是官运亨通的坦途。然而，到深圳后，接触到高科技软件开发技术的史玉柱萌生了创业的冲动。

放弃前途无量的国家储备干部身份，摇身一变成为前途难测的创业者，不得不说这个选择是一个巨大的赌注。即便有十足的创业激情，一般人也绝无此等魄力。尽管遭到了领导和亲人的一致反对，史玉柱依然毅然决然地做出了决定：辞职，创业。

史玉柱的选择绝不能用冲动和激情来解释。技术出身的他对大时代、大环境有充分的敏锐度和把握，他将“汉卡”（一种桌面排版印刷软件）视为创业产品。

20世纪80年代中期，整个“汉卡”市场凸现出来的巨大需求，正是史玉柱选择创业的最大驱动力。当时，电脑在中国的逐步普及，使得“汉卡”软件具有巨大的利润空间。中国市场上至少有三十家公司在做与“汉卡”相关的业务。

在史玉柱整个研究生学习期间，恰好是“汉卡”市场成熟的时期，很多做“汉卡”的高科技公司都赚了大笔的利润。与此同时，中国的印刷业也进入蓬勃发展期，中小型印刷厂不断涌现，它们刺激了印刷排版系统的需求。为顺应市场需求，史玉柱自己开发了M-6401桌面排版印刷系统，它具有当时大多数公司的产品无可比拟的市场优势。

基于这些考虑，史玉柱在深大研究生毕业后立即辞职。在“众叛亲离”的压力下，他带着自己读研究生时开发的产品来到深圳。

手中仅握有筹集到的四千元人民币的他，承包下了天津大学深圳电脑部。这个部门非常简陋，只有一张营业执照，没有任何与电脑相关的设备。如何向客户演示、宣传产品，成了他最大的困难。

然而，这依然无法阻挡他前进的步伐。当时深圳的电脑价格昂贵，最便宜的也要八千五百元，史玉柱给电脑商家加了一千元的价，条件是推迟付款半个月。他如愿赊得了一台电脑。为了尽快打开软件销路，他想到了做广告，但是，他没有广告费，于是便以软件版权做抵押，在《计算机世界》上先做广告后付款，付款期限是广告刊登后的十五天。

孤注一掷之后的煎熬与等待开始了，前十二天，他一个软件也没有卖出去，分文未进。第十三天，广告的效果体现了，他收到了三笔汇款，收入一万五千八百二十元。短短两个月之后，他赚得十万元。出人意料的是，史玉柱又进行了更大的赌博，他将十万元全部投入了广告。四个月之后，史玉柱收入近百万元。

尽管这段近乎传奇的故事如今为人们所津津乐道，但试想一下，假如当时十五天过去，史玉柱没有收到任何预付款，或者收来的钱不够支付广告费又该如何呢？史玉柱回答道："我对市场和自己的产品有绝对的信心。"史玉柱敢于放手一搏，凭借的是十足的信心。

一百万成了史玉柱新的创业起点。1991年初，他带着自己的产品离开深圳赶赴珠海开启新的创业之路。他大胆地宣布："巨人公司要成为中国的IBM，成为东方的巨人。"

在新的创业征程上，史玉柱继续押下赌注。他做出了一个令人匪夷所思的决定，巨人公司向全国各地的电脑销售商发出诚挚的邀请，只要订购十块巨人汉卡便可以免费来珠海参加巨人公司的销售订货会。这一决定做出之后，全国各地有两百多位大经销商纷纷来到珠海。尽管现在来看，两百多人并不是很大的规模，但在1991年这是一个很轰动的举动。就这样，史玉柱以低于一百万元的代价，成功地为巨人搭建起了全国最大的销售连锁网络。

营销通路的迅速打开，使得巨人汉卡的销售极为顺畅。1991年，巨人公司获纯利一千多万元。在此期间，巨人相继开发出各种产品。第二年，巨人成长为资本过亿、备受关注的高科技集团公司。

史玉柱赌无不胜的创业经历，看起来非常传奇。他的博弈建立在对自身能力的清晰认知和把握上。他在创业的每一步谋划上，都有深刻的考虑，无不是谋定而后动，没有一步踏空、踏错。这就说明，他的赌博不是单纯的冒险行为。

很多成功者都跟史玉柱一样，他们都是在认知全局的前提下，在限定的时间范围内，做出看似大胆的赌一把的行为，从而取得惊人成功。

也就是说，我们在赌一把时，一定要认清其中的不确定因素，把握好时间限度，才有可能取得成功。否则，我们所做的就纯粹是赌徒行为。

> 分析不确定的因素

我们带有赌博性的决定中，肯定存在很多不确定性因素。

第一，对环境判断的不确定性。环境是任何决策的先决条件，外部环境如果没有按照主观分析的趋势发展，决策实施中赖以存在的基础就会发生动摇，导致溃败。对环境判断的不确定性源于我们的信息不完备、主观分析能力差，以及环境的突变。

第二，对自身发展控制的不确定性。这里指的是个人或企业的执行能力，如果自己的能力达不到，企业的资源积累不能与产出相匹配，或者自我控制不力，都会造成自身发展的不确定性。

第三，竞争博弈带来的不确定性。对手的战略定位很可能与我们相近而形成冲突，这都造成了竞争博弈的不确定性。

我们在具体的实践过程中，并非会同时遇到三种不确定性。特别是对企业而言，很多企业管理者都承认，企业最大的对手是自己，这就说明他们的战略制订中不存在太多竞争博弈带来的不确定性，关键还是看自己对环境，特别是对环境变化趋势的判断是否准确，以及对自身能力的认知是否准确。例如，IBM最新的大战略就是“电子商务随需应变”，这就说明成功取决于他们自己能否引领产业的发展，而不是与其他对手竞争的问题。

所有的博弈都是因为有不确定性的存在，所以我们要明确不确定性的存在，但也不要过于担心它的不可捉摸性。实际上，我们只要能与史玉柱一样，把握外界环境发展的一个大趋势，就不会出现很大的偏差。

针对环境的不确定性，我们所能做的是，尽可能获得更多的信息，正确把握自己的价值和标准。也就是说，我们需要练就透过复杂问题看到本质的思考方式与能力。很多博弈的失误并非因为数据和信息收集不够，而是因为没有把握事情的本质，从而做出错误的判断。

自身发展的不确定性与我们的心态有很大关系。高估或者低估自己的能力，对存在的问题视而不见，都是我们心态上的问题。只要我们能始终保持一种谦逊客观的态度，这种不确定性是完全可以掌控或彻底消除的。

因此，尽可能地降低博弈的风险，就需要我们充分认识自己，不断洞悉环境变化中的确定因素，谨慎地做出选择。这样做虽不能完全化解风险，但“赌”的成分已经大大降低。

> 个人博弈的时间维度

暂不讨论博弈的问题，我们换个角度看待世间万象。如果我们能认真地观察市场上流行的书籍，就会发现，书籍大体分为如下三类。

第一种侧重于关注外部环境。比如，《气场》、卡耐基系列、《阿米巴经营》，等等。这些书籍告诉我们如何打理和改造自己，适应外部环境。

第二种则是侧重于时间与进程控制的书籍。有《时间管理》《七个习惯》《自控力》，等等。这些书告诉我们在什么时间段该做什么事情。

第三种则是关于性格与文化。比如《明朝那些事儿》《情商》《圣人曹操》，等等。这些书教我们如何塑造个性，形成文化。

正是个性的差别以及外部环境的差异，造就了我们大家千差万别的人生与成就。

时间、性格和环境构成了人生的三个重要维度。这三个维度若能统筹起来，形成合力，产生共振，就能够帮我们铸造成功。否则，个体将处于散乱不堪或茫然无措的状态下，看似忙忙忙碌碌，却终将一事无成。

举例来说，有的成功学家，过分关注外部环境，努力使人的个性与环境相匹配，将成功学弄成了累人的条条框框。还有的人，过分关注时间控制，倾向于把握时机，成了典型的机会主义者。也有人活在自我的性格中，不了解周遭的环境变化，也不注重当下。

每个人的生命长度都是一定的，个性也相对稳定，而外部环境是不断变化的。时间、个性与环境三者中，时间是最重要的一个维度。只有在限定的时间范围内，发挥才智，适应环境，生命才会有明确的意义。

这就告诉我们，个人博弈一定要重视时间这个维度，否则我们就真成了拿青春赌明天的赌徒。

>>> 隐忍力的基础训练：练就强大忍耐力的十五个方法

洛克菲勒在给他儿子的信中，多次提到自己超人的忍耐力。

他曾说过，自己在创业之初，因缺乏资金，邀请了一位名叫加德纳的富人入伙。他的加入为洛克菲勒的公司注入了足够的资金，这样洛克菲勒就可以做自己想做也有能力做的业务。

然而，出乎他意料的是，加德纳不仅是一个钱包那么简单，他还是一个强势的合伙人。合伙人共同商定，要将克拉克—洛克菲勒公司更名为克拉克—加德纳公司，这对洛克菲勒而言简直是一个耻辱。而他们给出的理由很简单：加德纳出身名门，他的姓氏能提高公众的关注度，吸引到更多客户。

这个决定令洛克菲勒难以忍受，严重伤害了他的尊严。对他而言，加德纳带来的只是一份资金，他出身贵族不应当成为剥夺同样是合伙人的洛克菲勒的名分的理由。然而，他忍下了，他告诉自己：路还长着呢，现在需要忍耐，保持心态平静。

年轻的洛克菲勒故作镇静，装作若无其事的样子对合伙人表示："没什么，我同意。"这是彻头彻尾的谎言。想想看，自尊心受到严重伤害的人，怎么可能如此宽容大度！然而，洛克菲勒确实做到了，他用十足的理性浇灭了心头的怒火。他明白，此时此刻的忍耐确实会给自己带来好处。

洛克菲勒说，他的忍耐不是盲目的容忍，而是冷静考量情势后做出的决策。他不会做任何偏离或有损自己目标的决定。对合伙人大发雷霆是无济于事的，那样不仅会使自己失去风度，更重要的是，也会给将来的合作埋下隐患，更糟的是，他此时羽翼未丰，很有可能会被其他合伙人合力踢出去……暂时的忍耐带来的是内部的团结和力量的壮大，大家共同的事业越做越大，自身的力量和利益也必将随之壮大。

在以后的日子里，洛克菲勒一如既往、不知疲倦地热情工作。三年之后，他成功地将加德纳请出了公司，克拉克—洛克菲勒公司的牌子重新树立。那时的他，已经开始被人尊称为洛克菲勒先生。

忍耐力是隐忍力的内核，它不是忍气吞声，也并非卑躬屈膝，它是一种策略，也是一种磨炼。从忍耐力里孕育出的是沉着踏实却不失锋芒的好胜之心。

缺乏忍耐力的人，往往情商较低。这些人个性自由散漫，自控力弱，做事有始无终；缺乏适应能力，不易融入新环境；遇到一点挫折，就会表现出急躁的情绪，甚至暴力倾向。

修炼忍耐力的关键在于，遇事的时候告诉自己要冷静，不要马上做决定。即刻做出的决定往往都是一时冲动，是错误的。如果你不知道到底如何入手，那么请从以下几个方面努力：

1. 事先做好所有准备工作，这样就可以避免偶然事件造成的方寸大乱。

2. 不要一件事没做完又去做另一件事，集中全部精力做好一件事。

3. 不要单独做难度太大、自己力所不及的事，巨大的困难很容易使人失去耐心。

4. 努力去做自己感兴趣的事情，这样更容易坚持到成功，多次的成功会增强你的信心，耐心也会随之加强。

5. 尽量远离那些降低你的精神效率的活动。

6. 培养体育锻炼的习惯，增强体质。每天只顾着赚钱，忽略体育运动，肯定会降低自己的耐性。任何一种形式的运动，只要你能持之以恒，都能增强我们的体质。偶尔超负荷锻炼，有助于增进我们的忍耐力。

7. 找一种既可以一个人娱乐，同时即便年老时也能享受其乐趣的运动项目。像垒球、网球、排球等运动项目，虽然有益健康，但一个人没法玩，年纪大了，玩起来也不方便。既能单独享受，又能与其他人一起享受，同时可以长期玩下去的体育项目，其实有很多，比如高尔夫球 、保龄球、钓鱼等等。长期从事这样的运动项目，不仅能强健你的体魄，更重要的是能提高你的忍耐力。

8. 多去尝试一些紧张的脑力劳动，也能帮你增强忍耐力。某些时候，当你疲劳至极，精力已不足以再去工作的情况下，你可以强迫自己去做一些脑力活。这种方法，能帮你逐渐增强抗压能力，使你更好地在压力下工作。这与肌肉超负荷训练的原理是一致的。

9. 尽量在最佳的体力和智力状态下去完成各项工作。这样方能保持勇气，增强忍耐力。

10. 在大脑里不断给自己灌输“等待”的概念。

11. 从易到难，延迟心愿满足的时间。为自己准备一本日历，随机挑几个日子作为“礼物日”。坚持每天撕下一页，如果正好撕到“礼物日”的话，就能得到“耐心训练奖励”，比如一件新衣服或者一顿大餐。根据耐心训练的实际情况，调整奖励自己的频率，逐渐延长奖赏自己的日期。这种办法能有效提高忍耐力。

12. 说出你的理由。如果你实在无法在一件耗时耗力的工作上坚持下去，那么一定向自己说清楚放弃的理由。这个理由必须是绝对不能被推翻的。如果你找不出这样的理由，那么请你继续坚持。

13. 假定压力情境。锻炼忍耐力最好的方法就是设定压力情境。比如你想换一个工作，不过依你目前的能力，以及现实的就业环境，你无法找到更理想的工作，你需要在内心与自己博弈。在这样的情况下，你的内心矛盾重重，开始主动调节当自己的需求无法得到满足时的低落情绪，逐步使自己的心情平静下来。

14. 适当地为自己制造些许困难。鼓励自己去做稍稍超出目前能力的事，不要害怕自己完不成，要相信自己一定可以顺利完成。

15. 适时奖赏自己。倘若你完全照着上述的方法去做了，并能持之以恒，坚持不懈，定能创造不少“忍耐力纪录”。既然创造了纪录，就不要吝啬给自己奖赏，物质上或者精神上的都可以。这种奖赏不是为了别的，而是一种自我激励。

永远要记得下面这几句至理名言：

冲动是人生最大的敌人。

能忍常人所不能忍，方能成为人上人。

忍耐是一种保护自己的方式。

Part 4

提升内在的能量

每个人都无法决定自己生命的长短，但是我们能决定生命的过程！无论我们选择什么行业，身处哪一个位置，每一个志在成功的人都可以将自己的人生拓展到最大可能的宽度。发挥自己对他人有益的作用，其实就是拓展人生的宽度；给予和奉献，也是拓展自己人生的宽度。

>>> 不动声色地和他人拉开差距

有一次，我跟劳斯莱斯的中国总代理谈起现在的生活。他的一番话引起了我的思考。他深有感触地说道：

“从某种程度上来说，我们也称得上成功者。我们拥有大笔资金，拥有靠自己实力通过全国统考的智商，拥有不错的职业规划，同时也拥有开创一番事业的野心和梦想。不过，与真正的成功者相比的话，我们是典型的失败者。根据我多年来的营销经验，我发现五百万以上的劳斯莱斯的主要购买者都是中国的民营企业精英，他们的平均年龄大概是三十岁。”

这位老兄说的确实是事实。2005年春节期间，我在深圳碰到一个1995年退伍的军人。退伍后，他留在了深圳，2005年的时候，他已经买下了一层写字楼，并开上了三十多万的起亚，打算将来换辆奔驰。而当年，他才三十出头。与这些人相比，我们确实只能算作失败者。

我们与这些成功者相比，到底缺了什么？学历、智商，我们占据绝对的优势。他们中的大多数人仅靠着万把元起家，这些资金我们也有。论情商，能考上MBA的我们肯定不比他们差。可是，为什么他们能在三十岁出头就开奥迪、劳斯莱斯，可以花几十万去攻读EMBA，可以有意识地扩大自己的关系网，我们却只能用一份低微的薪水勉强维持白领的生活呢？为什么？我们的差距到底在哪里？

这段距离，就是导致我们最终成为弱者的根源。我认为差距主要体现在以下三个方面：

其一，识别机会的能力。我们与成功者的机会基本上是均等的，和成功者相比，我们缺乏的是识别与判断机会的能力，而非机会。机会只拥抱那些认识它们的人。

其二，情商。几乎每一个成功人士都具有惊人的眼力，他们知道如何与不同的人交流，该怎样对话。成功者的眼界开阔，他们具有极强的领悟能力，通过一个微小的细节，就能悟出其中蕴含的道理。他们的现实经验丰富，无论是茶文化、酒文化，还是各种时尚的体育运动等，都有所涉猎，并且有自己独到的见解。他们自来熟的本领也远超一般人，成功者懂得各种礼仪规矩，可以在很短的时间内让人如沐春风。而这些能力，都是高情商的表现。

其三，十足的冒险精神。大多数读完MBA回国的白领，手中已握有一份令绝大多数人羡慕的薪水，另一方面却又艳羡薪水比自己高的人。当他们想超越当下，冲出去搏一把时，却又患得患失，缺乏锐意进取的勇气。他们担心自己的失败，会使自己失去房子、车子甚至老婆孩子。他们想获得更高薪水的工作，又担心新工作太累，环境不稳定，人际关系不如现在娴熟。总之，他们的才华被瞻前顾后的想法埋没了。说到底，还是缺乏冒险精神，缺乏弄潮的勇气。

无论是海归，还是土产的MBA，敢于创业并且付诸行动的人数比例不超过10%。如果没有高科技产业和风险投资业的存在，这个比例还将更低。三十年前的国内，基本上都是一无所有的人才敢去创业。

我认识的那些创业成功的朋友，无一不是白手起家的，而且他们都不具备高学历。也许正因为他们原本就一无所有，所以没有冒险的顾虑。搏一回，成功了就发财，失败了也就是回到原来的样子而已，没有什么损失。他们充满胆量，敢于承担风险。

我们只有找出、承认并正视差距，把改变的愿望变成实际的行动，方能缩小差距，走向成功。遗憾的是，很多人并没有花时间来反省自己的缺点，从他们狭隘的视野里看出去，自己跟他人没什么区别。这也不能完全怪罪于一般人视野的狭隘，其实，人与人之间的差距，往往是很微小的，且更多体现在思路上。刚开始时差距不大，但日积月累后便越拉越大。

吉姆和杰克几乎同时受雇于一家超级市场。他们的职位一样，从最低层的销售员干起。可不久之后，杰克受到总经理的青睐，一再被提升，从销售员直到部门经理。吉姆则停留在底层，仿佛被人遗忘了一般。终于，忍无可忍的吉姆向总经理提交辞呈，并当面痛斥总经理用人不公。总经理没有恼怒，而是耐心地倾听他的意见。他了解吉姆，这个小伙子跟杰克一样工作一直很卖力，不过却缺少了点什么。到底缺少什么呢？

忽然，总经理想出了一个主意。“吉姆先生，”总经理说，“现在请你马上到集市上，看看今天都卖些什么。”吉姆很快从集市上回来，告诉总经理，集市上只有一车土豆。“一车大约有多少袋，重量是多少？”总经理问道。吉姆无法回答，他又跑去，回来告诉总经理刚好十袋。“价格是多少？”当经理抛出这个问题时，吉姆准备再次跑到集市上。总经理望着疲惫不堪的吉姆说：“你先休息一会儿吧，我们一起看看杰克是怎么做的。”

总经理把杰克叫来，并吩咐道：“杰克先生，请你马上到集市上，看看今天都卖些什么。”杰克很快从集市回来了，汇报总经理，集市上只有一个农民在卖土豆，有十袋，不贵，质量不错。说着，他从口袋里掏出几个土豆，让总经理看。杰克说，这个农民过会儿还会拉几筐西红柿来卖，价格也不算贵。杰克认为有必要买他的西红柿，所以他还带回了几个西红柿做样品，同时让那个农民将车拉到超市门口，等着回话。吉姆看到这里，不由得红了脸。

人与人之间最大的差距是能否看到自己与强者的差距，最大的危机是看不到自身存在的危机。而找到差距并且努力缩短与强者之间的差距就是一步步迈向成功的秘密。

1. 永远都要记住别人的名字

人际交往中，我们都特别在意别人对自己的看法和印象，而记住对方的名字则是对别人起码的尊重。智慧的人喜欢记住别人的名字，愚者却希望自己的名字被记住。

我们平时外出旅游，经常会在景点处看到有人刻下的“××到此一游”，科学家喜欢用自己的名字为研究发明命名，名人也乐意以自己的名字命名某款商品……

聪明的人洞察到人们的这个心理特征，在日常交往中便特别注重记住别人的名字。

这是一个很重要的细节问题，如果你能够记住每一个见过面的人的名字并能在再次见面时轻松地叫出来，得到的效果相当于说了一句恭维对方的话。对方会觉得你把他放在了很重要的位置，自尊心得到了满足，自然会很乐意与你交往。

2. 让他人心甘情愿地为你去做某些事

被称为钢铁大王的安德鲁·卡内基，其实对钢铁的生产了解很少，他手下的上百名员工，每一个人对钢铁的了解都比他多得多。他之所以能够成为世界级大富翁，秘密就在于他深知如何与他人交往，并让他人心甘情愿地为自己服务。十岁的时候，卡内基发现每个人都对自己的名字很重视，于是，他便利用这一点来与人合作。

有一天，他得到了一只怀孕的兔子，没多久，母兔便产下了一窝小兔。但是，让卡内基犯愁的是，他没有食物可以喂养它们。卡内基想出一个好主意，他决定把这件事情告诉附近的小朋友们，让他们去替自己弄食物。而给小朋友们的好处就是，谁能采集到最多的苜蓿叶来喂兔子，他就用这个人的名字来给小兔子命名。小朋友们争先恐后地出去为小兔子找吃的，而他自己只需要看着小兔子就行了。

当你打算让他人帮你做一件事情的时候，在开口之前，最好能够考虑一下："怎样才能让他心甘情愿地去做这件事呢？"我们要懂得向对方提供所需的好处，而不是像冒失鬼一样，费尽口舌却毫无意义地去恳求别人来实现自己的愿望。

3. 抓住并且善用他人的心理

周末的时候，广场上总有很多人伫立在街头，焦急却又无可奈何地等人。这时候，出现了两个擦鞋童，争相招徕顾客。

其中一个说："先生，让我为您擦擦皮鞋吧！我的手艺能保证您的皮鞋变得又光又亮。"

另一个却说："先生，在约会之前，请先擦一下皮鞋吧！"

结果，后一个擦鞋童的生意源源不断，前一个擦鞋童的顾客却寥寥无几。

这是为什么呢？

原因很简单，尽管前一个擦鞋童的言语礼貌、热情，但是与青年男女们真实的心理活动没有任何关系。人们会感到，这个擦鞋童是想赚自己的钱，我才不愿意花钱给自己的鞋买个"又光又亮"呢！况且，擦不擦鞋又有什么关系呢？后一个擦鞋童却利用了人们"爱美"的心理——约会的男女一定会想要给对方留下干净整洁的印象。听他这样说，人们会觉得很有道理，从而心甘情愿地来他这里擦鞋。

>>> 从模仿到超越

一个人在认识到自己与他人的差距之后，迈出追赶的第一步总是困难的。尽管差距是显而易见的，但短时间内依然不知道该如何走自己的路。这个时候，聪明的人就会选择一条成功的捷径——跟跑。

美国国际商业机器公司就是国际上赫赫有名的“跟跑者”。他们几乎不研发自己的新产品，而是等着别的公司的新产品问世后，就立即派员工去调查这种产品的市场反应和使用反馈情况，之后迅速地开发出更适销对路的“新产品”。由于这种产品既保留了原产品的优点，同时又加入了改进和创新，在市场上往往会比原产品更受欢迎。

美国国际商业机器公司的“跟跑战略”无疑是成功的，他们甚至故意在技术上落后两到三年，这样，就能够把产品试验的工作让别人来做，在这个时间内也刚好能够打开市场，而后他们可以根据试用反映和市场的反馈，再来研究设计自己的新产品。这种做法能够有效地节省时间、降低成本，从而少走很多弯路。

在很多人的观念中，“跟跑”是一件可耻的事情。特别是在提倡创新的社会环境下，模仿更是成了令人痛恨不已的字眼，模仿仿佛是一种罪恶，是一种不道德的行为。其实，这种观念是有失偏颇的，模仿并非简单的跟风。我们在了解自己与对方优势和缺陷的前提下，学习对方的长处，改善自己的缺陷。这是一种有益的扩张手段，更容易取得事业的成功。所以，模仿不是可耻的行为，只有不成功才是可耻的。

第一个探路的人是名副其实的英雄，然而，大胆地跟着英雄前进的我们，又何尝不能被称作好汉呢？

很多企业都是靠模仿发展壮大的。李书福的吉利汽车就是一个经典的范例。

1992年前后，海南房地产市场十分火热。这一年，通过涉足冰箱行业获得成功的李书福决定进军房地产，不到两年时间，他就赔光了家底。他从中吸取教训，从此不再踏足房地产，专心做实业。

1993年，李书福收购了具备生产权的国有邮政摩托车厂，并成功研制出四冲程踏板式发动机。他们与嘉陵集团合作生产嘉吉牌摩托车，在一年的时间内，李书福生产的摩托车就跃居国内踏板车的龙头地位，远销海外很多国家。

依靠摩托车发家的李书福在1994年做了一个惊人的决定——造汽车。尽管一时无法得到主管部门的许可，他依然打着造摩托车的幌子，征地八百五十亩，筹建了吉利“豪情汽车工业园区”。1997年，四川一家生产小客车的企业濒临倒闭，给了李书福机会。吉利迅速投资一千四百万元，在当地成立了吉利汽车制造公司，并顺利拿到汽车生产权。

接下来，吉利汽车在短短数年内迅速发展，李书福的个人资产也呈爆炸性增长。截止到2010年5月，靠造冰箱和摩托车起家的李书福，已经成为坐拥94.2亿元人民币的富豪。

吉利汽车的最大成功之处就是敢于模仿，它一直坚持模仿，模仿高端的国际名牌汽车，生产价格低廉的中国低端汽车，以低于十万元人民币的价位满足中国汽车市场的需求。

仔细审视吉利汽车的发展历程，我们不难发现它处处存在模仿的痕迹。建厂至今数十款汽车产品，都有名牌汽车的影子。也正是通过不断地模仿，吉利汽车迅速壮大，成为国产汽车的大佬。最初的夏利是模仿丰田大发查利特，熊猫汽车的原型是丰田Aygo，近期上市的两款A级车金刚与远景，分别在模仿丰田的威驰与花冠。吉利的“模仿秀”愈演愈烈，吉利的产业规模越来越大，李书福的财富也越聚越多。

李书福的模仿无疑是成功的。他的成功之处在于，瞄准了中国汽车市场会长远发展的趋势，并通过模仿创造出适合中国市场的产品。

因此，我们无论进行何种模仿，一定要明确目的。首先要明白自己要学什么。是模仿对方的产品，还是营销模式，抑或只是单纯的概念。其次，弄清楚模仿的根本目的。是希望通过模仿实现局部改进获利，还是期待总体上有所突破？如果没有明确的方向和目的，就会迷失自我，在投入大量的时间、资金、精力后，结果只是邯郸学步，或者东施效颦。

再就是要对模仿的结果有预见性。一般情况下的模仿并不会形成巨大突破。因为你的模仿只是在他人成果基础上的一种微调和改进，它只能解一时的燃眉之急，却不可能从根本上为企业或个人带来发展动力。一个人或者一家企业在学习和模仿他人的过程中，只有不断地积累与创新才能带来实质性的进步。因此，尽管模仿可能暂时会带来不错的效果，但你仍需要转变急功近利的心态，做好打持久战的准备。

模仿不是我们的终极目的，我们是要在取得真正竞争优势的基础上扩张与发展。而在模仿中创新，则是取得竞争优势的根本。

很多真正有影响力的公司，都是这样做的。以凡客为例，它并不是中国第一家通过网络销售服装的公司，但如今它如日中天，业绩非凡。在中国，第一个这样做的公司是PPG，他们的商业模式曾多次获得创新奖励，然而这家公司没有取得最终的成功。其失败之处正是他们在广告费用上无节制地浪费。成立之初，凡客的产品和PPG极像，就连广告风格也非常接近。与PPG不同的是，凡客在深度模仿的基础上，对供应链进行了细致的优化。同时，他们没有像PPG那样大量在平面媒体上投放广告，而是采用了一种创新推广方式——信息物理融合系统（CPS），科学完整地做出商品推广和整体包装解决方案。到了今天，PPG已经烟消云散，凡客却生意兴隆。

与那些商业上的成功者一样，凡客的成功在于它首先找到了一个合适的模仿对象，然后再进行深度模仿，最后找出被模仿者的不足之处，加以适度改造，最终创新出一种更为卓越的产品和商业模式。

娃哈哈也是一个成功的案例。在快速消费品领域，娃哈哈具有极强的竞争力。不过，它从没有率先创新，成为创新先锋。娃哈哈先后涉足矿泉水、茶饮料、八宝粥等多个领域，全都取得领先地位，然而它都不是第一家生产这些产品的公司。它的制胜法宝便是在模仿的基础上创新。这样做的好处在于：第一，不需要去试探所谓“创新”的产品能否创造出新的消费人群；第二，可以在先行者的基础之上，根据市场需求进行细致的划分，然后发挥自己所长，一举取得领先的地位。

事实上，我们只有具备深度模仿者的特质，才能在模仿的基础上创新，并取得真正的竞争优势。

绝大多数的商业成功者都是深度模仿者，他们具备系统性模仿的能力。这与抄袭有本质区别。以中国大多数不成功的服装企业为例，他们仅仅从款式、外观上模仿欧美领先品牌，这就是简单的抄袭行为。这些企业将关注的重点放在市面上的流行产品上，什么热卖就模仿什么，根本没有固定的学习标杆，因为胡乱抄袭，其产品风格也极度混乱。他们的模仿只能停留于事物的表面，并没有深入到国际知名品牌竞争力的核心，即精密的供应链运营体系、先进的品牌管理模式以及独特的设计理念。

具备深度模仿者特质的人在模仿之前通常会深思熟虑，他们模仿的目的就是赶超行业领先者。选择模仿这一道路，是因为领先者已经为他们指明了正确的发展方向，同时，如果想要依靠自己的力量不走寻常路的话，风险太大。为此，他们找到行业标杆，在模仿之前，深入探讨其成功的本质原因，以及对方的不足之处。

深度模仿者对先行者的产品优劣以及企业行为逻辑比先行者自身更为了解。很多先行者的成功都是偶然的，他们甚至根本不知道自己做了什么就成功了。对于自己“为什么会成功”这个问题，先行者习惯性放弃研究，而执着于寻求“如何能更为成功”。这种“只缘身在此山中”的惰性思维，使得他们不能长久地保持领先。

与先行者形成鲜明对比的是，深度模仿者具有超强的学习能力与研究精神，他们要学习成功者，而且要思考对方为什么会成功，要透彻了解其中的本质，抓住成功者的核心竞争优势进行模仿。实际情况往往就是如此，领先的企业探讨最多的是执行，是如何开创新局面，而在紧随其后追赶的企业里，探讨最多的是分析先行者的领先之道。

深度模仿者有更强的学习和研究动力，他们不会像领先者那样过于要求标新立异，而是倾向于用最实际最简单的办法解决问题。他们在学习、研究并总结的基础上，立足于市场的实际，力图以最小的投入获取最大的回报。这是他们取得扩张并领先一步的根本原因所在。

你必须紧紧地跟随在引领潮流的成功者后面，可以保持一步或半步的距离，但不能落下太远，以便蓄势超越。

对那些实力极为有限的企业或个人来说，通过模仿和创新取得领先常常也是极为困难的。因为他们的实力有限，没有先进一步的能力。想要在这种情况下取得突破和扩张，就必须学会紧紧跟随领先者。

台湾企业界有一种“老二哲学”的经营管理概念。它指的是不做第一，也不做第三，而只是紧紧跟在排名第一的后面做老二，瞅准时机冲击第一。“老二”只是一个暂时的过渡，其最终目的还是搭个便车，取得扩张与突破。这种紧随其后的理念，对弱小者来说是规避更大的经营风险、最终取得成功的一个良好策略。

遵循这种策略，就是不去做火车头。万燕公司曾做过VCD行业的火车头，结果自己没有赢得多少利润，反而是步步高、爱多等后起的企业赚取了大量行业利润。原因在于，当年万燕公司花了大笔广告费教育消费者：VCD是好东西。等大家都知道VCD这一新鲜事物时，步步高、爱多等公司相继出手，建立自己的VCD品牌，完善营销网络，降低产品价格，最终取得成功。而万燕公司则惨烈地成为“革命先驱”。

对小企业来说，生存是第一任务，“慢半拍”正是取得生存的捷径。以总投资十二万元的小型餐饮店为例，想一步达到“硬件上水平”“服务要领先”等要求无疑是不可能的。要求一家年销售十几万元的初创企业做到“技术领先”，成立单独的研发部门，申请ISO国际质量认证，也是无稽之谈。这类公司可能甚至连一个专业技术人员都没有。尽管十年之后的前景非常美好，但当务之急是让企业度过生存期，安全地存活下来。

倘若在没有“先人一步”的能力的前提下，狠命冲刺，打造领先市场的产品，无疑会使企业陷入绝境。具备了一定的实力方可进行大的调整，而此时的“慢人半拍”也并不意味着永远的“慢人半拍”。因此，对于那些技术力量薄弱、资金不足、人才匮乏的初创企业来说，“慢人半拍”是必需的。

对于那些没有较强实力的创业者而言，在开发新产品时，创造较好的经济效益关键并不在“先人一步”或者“慢人半拍”这样的问题上，而在于能否准确抓住新产品上市的时间点，扬长避短，后发制人。这就是说，小企业不必去做火车头，而是要找准火车头，即找对新兴的市场。确定了利润的方向之后，搭乘上先锋企业的列车，进而迎接“开门红”的到来。

有了紧随其后的心态之后，就要准备跟进了。一般情况下，跟进的时机分为四个阶段。

1. 最佳的跟进时期

判断是否是最佳的跟进时期的标准是，一个优秀而全新的产品正在慢慢趋于成熟，而且将要占领市场。这个时期的跟进成败，与决策者的自身素质有极大的关系。决策者必须要有良好的判断力、敏锐的嗅觉以及果断的决定力，否则即使处于最好的时期，也无法抓住时机。这个时候最容易跟进的是营销方式，因为营销方式是没有专利权的。这时候也是很多人还处于观望和犹豫的阶段，越早下手的人得到的也就越多。

2. 哄抢和跟进时期

这个阶段只适合于部分跟进。因为到了这个时候，大家基本上都已经看到跟进的甜头了，所有人都加入进来试图分一杯羹。大方向基本上已经没什么突破点，而想要在所有竞争者中站住脚，就要抓住细节，比如说可以在操作方法上下功夫。这就要求跟进者做到“你无我有，你有我优，你优我变”，这样就能在同类产品中立于不败之地了。

3. 力拼终端与跟进时期

力拼终端的方法比较适用于品牌跟进。其实，这时候已经没有什么很大的收益了，跟进的人达到顶峰，市场也陷入浑水期。如果你选择在这个时候跟进，一定要格外谨慎，不能有太大的投入。

4. 全面跟进对手留下的空白市场

意思是说，要抓住一些好的产品尚未来得及推广的空白市场。当然，前提是，这个产品或者其营销方式在一些市场取得成功先例。如果能抓住这个空白期，获益是必然的。

跟进的机会总是会出现的。因为市场一直在变化，人们未被满足的需求不断浮现。所有这些都造就了市场的空缺地带，有待被填充。只要我们有抢占空白区域的思维，就一定能抓住跟进的机会。

想要找到这些机会，你就要摆脱习惯思维的束缚。从商业上来说，抢占空白市场，是企业保持竞争力的根本。突破思维困境，看到未知的市场，就能放大我们的市场半径，赢得更深远、更持久的商机。

通常情况下，做出跟进策略的决策者大致分为以下三种：

1. 目光敏锐者

这类人的判断能力超强，目光准确敏锐，通常在最初阶段就能预见未来的收益，从而根据自己的客观情况做出有益的选择。这类人往往比较容易实现自己的目标和利益，并在同行业者中逐渐强大起来。

2. 利益冒险者

利益冒险者往往是那些特别注重利益，但是喜欢忽视风险、愿意冒险的人。这样的人跟进的结果通常是白忙活一场，无功而返。

3. 保守无为者

这样的人通常做的就是观望了，虽然他能预见风险，但是跟进能力一般。所以，往往只能观望而停滞不前，看着财富流入别人的口袋。所以我们说，这种人更好的角色是做幕僚，而非决策者。

如果没有抢占空白市场的能力，在观念上领先，你就会永远失去空白市场。圆与缺在商务上处于一种辩证关系，根据这种关系，我们完全可以用“缺”来扩大“圆”的市场半径。因为在思路空白与思路完善之间有着所谓的“一念之差”，“一念之差”就是属于我们的机会。只要你能打开思路，就能为自己的企业发展找到“高速路口”——一片前景可观的市场空白地带。

我们来举例分析。随着生活水平的提高，国人如今已逐步树立了“营养早餐”的概念，越来越多的人，特别是上班一族，期待吃上既卫生又有营养的早餐。然而，真正符合这种条件的早餐网点，很长一段时间一直没有出现。早餐市场的潜力非常巨大，麦当劳率先发现了这个机会，它在前几年开始进军中国早餐市场。肯德基虽反应略显迟钝，但也在不久之后推出了早点，生意不错。麦当劳和肯德基的做法正是抢占空缺市场的范例。

这里，我再举个例子。曾经有一段时间，市场上出现了老人非常喜欢穿的注塑休闲皮鞋，这种产品极大地带动了浙江省一个休闲鞋的生产基地。他们在1992年建立了这个生产基地，他们生产的休闲鞋不仅具有传统皮鞋优雅、上档次等优点，更具有轻便、耐磨、柔软的特点，非常适合老年人穿着。这一款产品的问世，填补了国内的一个空白市场，吸引了大量消费者。一时间产品供不应求，销售前景直到现在仍然被看好。

如何在这种情形下选择跟进呢？有一家制鞋公司是这样做的：引进国际新技术，大打科技牌，在上面提到的那种老年人皮鞋的基础上，与外国公司合力研发出运动皮鞋。这家公司生产的运动皮鞋同样采用皮鞋的制作工艺，将休闲鞋和运动鞋的鞋面设计技术融合其中，制作出集皮鞋、休闲鞋、运动鞋的优势为一体的新产品。这种产品迅速弥补了业内的思维空缺，找到了一个空白市场，取得了极大的成功。

由上述案例，我们可以看出，运用弥补思维空缺的方式跟进，分为业外、业内两种形式。麦当劳和肯德基在业内弥补思维空缺，从而占领了新市场。而那家运动皮鞋生产公司则用全新的产品，颠覆了业内同质化需求造成的市场饱和现象。

在实力不济的情况下，紧紧追随在行业领先者身后，用弥补思维空缺的方式在恰当的时候选择跟进，就能获得市场，实现扩张。

>>> 提升自我的五个关键

很多人把人生不如意的罪过归于“无能为力”，如果你问一个身处贫困的人，为什么不去做一番事业呢？相信他一定会充满愤怒地告诉你：“如果我有资本，我还会在这里抱怨吗？”如果你去问一个只靠微薄薪水度日的人，为什么不去做一番事业呢？也许他会充满警惕地反问你：“万一失败了怎么办？”

仿佛人人都有一道无法逾越的高墙，资金、技术、经验、人脉……可是当我们从自身开始挖掘，就会发现，真正阻挡我们成功的那些看似重要的外物，不过是我们给心灵设置的障碍。很多人不敢想象自己有朝一日会成功，他们抱残守缺，只是凭着幻想就把信心、胆量、勇气等一切力量置于困难的高墙外。

这样的思维方式，使得他们习惯性地夸大事情的严重性，连本来很容易实现的事情也不敢轻易尝试。长久以来的缩手缩脚导致他们害怕打破常规，害怕改变既定的计划，人际关系也逐渐僵化，心灵更被戴上了沉重的镣铐，潜能无法得到发挥，成功也就永远地成为一种奢侈的想象了。

我曾经访问过一位盲人足球运动员，当谈及他的成功的时候，他感慨地说："我想，每个人的心里都有一个球门，而这个球门的大小是由我们自己来调控的。假如我从一开始就害怕自己踢不中，那么球门就会不断地缩小，直到你觉得它的大小竟然跟足球一样大，到那时候，我们就真的永远都踢不进去了。而我选择相信自己，所以，在我的眼里，球门一直在扩大，而我也因此能够不断地打破纪录。"

每个人的内心都有一个自我架设的球门，关键是你为其设定的大小是怎样的。如果你认为它的大小只能装下一只足球，那么它就只能容下一只足球。这就如同是吸水的海绵，看似已经到极限了，但是如果你再加一滴水，它还是能够吸纳。我们的心灵就像海绵，只有不断地吸收和容纳，才能够逐渐地变得丰富宽广。你相信自己能做到，你就能做到，而若选择自暴自弃，则将永远与成功无缘。

>> 做冷静的思考者

扩张内在自我的第一步，就是做冷静的思考者。

一位农夫在整理草棚时，不小心丢了一块手表。他明明知道手表就在里面，但翻遍了整个草棚，依然不见踪影。那块表对他来说非同小可，不仅是他的一个重要财产，更重要的是，那是妻子送给他的生日礼物。万般无奈之下，农夫想到了孩子，他把几个在旁边玩玻璃珠的小孩子喊来，告诉他们，谁若能找到丢失在草棚里的手表，将获得一颗巧克力。孩子们兴奋地跑进草棚，急急地寻找。半天过去了，谁也没能找到。农夫跟孩子们一样，失望极了。

正当农夫转身准备离去时，一个小女孩一把拉住他，“我来找找看吧。”农夫说：“他们那么多人都找不到，你一个人怎么可能找到呢？”“这不一定，我相信自己能找到它！”

农夫用绝望的神情看着小女孩，她静静地进入草棚。只见小女孩进去后，什么也没有做，只是静静地蹲在地上倾听。慢慢地，时针“嘀嗒”“嘀嗒”的声音隐约传入她的耳朵，声音越来越清晰，“嘀嗒”“嘀嗒”……小女孩循着声音找去，果然在一堆稻草底下发现了那块表。

在这个故事里，农夫代表了大部分人的形象，遇到困难便无比着急，手忙脚乱。他跟大多数人一样，不去探究困难的来源、自身的错误，而只是一味地抱怨，在短暂的对抗中便失去信心。小女孩则无疑是成功者的代表，他们遇事都会冷静对待，多做思考，认识到可能产生错误的每个环节，并提醒自己在行动中小心地加以避免。

在我们所有的情绪中，与冷静相对的“冲动”，无疑是最无力的一种，同时也是破坏性最大的。许多人都在不理智的情况下，凭着内心的一时冲动做出让自己后悔的事情。所以，我们一定要尽量避免在这种情况下做出决定。

1. 保持理智，让情绪冷却下来

人们在遇到强烈的情绪刺激时，第一时间的反应通常是暴怒，之后很快会产生“回敬”的想法。特别是当有人误会、讥讽或者羞辱自己时，内心会有很强的暴力欲望。这时候，冲动只会加剧事情的严重性。正确的做法是，强迫自己冷静下来，认真而快速地分析一下前因后果，然后尽量平和地表达自己的想法，这样才不会让自己陷入被动。有时候，沉默是最好的武器。

2. 转移注意力，克制冲动

能够触动情绪从而产生激烈反应的事情，通常是触及了自己的根本利益或者尊严。遇到这种事情，我们很难冷静下来但是又必须冷静下来。当你发现自己马上要失控了的时候，要暗示自己不要太放在心上或者转移注意力去关注别的事情。比如可以提醒自己去看窗外的风景，或者暗示自己，“我是个宽容的人，不与你斤斤计较”“生气是拿别人的错误来惩罚自己”，等等。只要能够分散注意力，相信过一会儿你便不会再像之前那么冲动了。人的情绪其实是最好操纵的，往往只需要几分钟甚至几秒钟就能平静下来。

3. 选对解决矛盾的方法

冲突和矛盾发生后，除了要克制情绪外，更重要的是要选择正确的方法去解决问题。采取行动前，不妨先问一下自己：

① 这次事件的最主要原因是什么？我们的分歧主要在哪里？

② 能够解决这件事情的方式有哪些？

③ 如果我选择了这种方式，对方能接受吗？会不会加剧矛盾？

当明确了以上这些事情之后，你可以换位思考一下，站在对方的立场上，推测一下对方会如何来解决问题。从而找出双方都能接受的解决方式，快速而积极地采取行动，解决问题。

>> 学会不露声色

这是让你成功地扩张内在自我的第二步。

如果我们足够细心，就能发现如下的情境，在生活中频频上演。

有些人特别容易发怒，他们听到某类言语，或碰到某一类型的人，便怒不可遏。有心者会故意使用这样的言语，激怒对方，使其丧失理智，失去风度。

也有不少人听到他人奉承自己就喜不自禁。有心者以甜蜜的奉承接近他，向他提要求，甚至向他进行软性的勒索。

还有的人遇到微利，便乐不可支。有心者便主动为他提供小恩小惠，最后在他身上实现自己的意图。

有一些人听到某类悲惨的事，便涕泪涟涟。有心人了解他们的脆弱，便披上种种悲惨的外衣来博取他们的同情心，或者用强势的表现故意打击他们脆弱的情感，以达到自己的目的。

凡此种种，都在告诉我们，喜怒哀乐一旦表达失当，灾祸将在所难免。

然而，喜怒哀乐是我们每个人都必然存在的基本情绪。那些成功者与普通人不一样，他们很少把喜怒哀乐淋漓尽致地真实表现在脸上。这就提示我们，想在社会上有所成就，就不要轻易展露自己的真实情绪，要将喜怒哀乐藏在口袋里，不让别人轻易察觉。

在人性的丛林里，人们为了生存下来，学会了各种打击对手的办法。察言观色，正是其中最基本的一种。几乎每个善于生存的人，都会根据对方的喜怒哀乐来调整自己的应对方式，以此来谋取最大的利益。这原本无可厚非，但是，这无疑会给不善于掩饰自己情绪的人造成伤害。这种伤害常常是无形的，是在不知不觉中造成的。恣意表露自己情绪的人，往往在受到极大的伤害后才追悔莫及。

如果我们能掩饰情绪，把喜怒哀乐藏在口袋里，夹起尾巴做人，至少可以为自己带来两大利益。

其一，抽离喜怒哀乐的情绪，我们便可以用更冷静、更客观的眼光看待世界。思索事情本身的意义，这样做出的选择将更具有针对性。

其二，不轻易暴露情绪，就减少了自己的缺点被窥探的可能，封住了他人的可乘之机。

法国一位哲学家曾经说过，“表现得比你的朋友优越，你将得到仇人；使你的朋友表现得比你优越，那么你将得到朋友”。他这番话的道理在于，当我们的表现让朋友自我感觉良好，甚至产生优越感时，他们会产生一种自我肯定感，这种感觉十分美好。相反，当我们表现得比他们优越时，他们会有自卑的感觉，自然而然产生敌对的心理。不自觉地维护自己的形象和尊严是每个人发自潜意识的本能反应，倘若有人对他过分地显示出高人一等的优越感，他的自尊就无形中受到了挑战与轻视，敌意与排斥感就顺理成章地产生了。

每一个善于自我表现的人，都在表现自我时不露声色。这些优秀的隐忍者绝不会旁若无人，更不会以自我为中心，他们用不着痕迹的表现给他人一种共同的“参与感”。一些小细节可以充分说明他们的表现是何等华丽，又是何等不动声色。比如，这些人跟同事交谈时，总是喜欢用“我们”，而很少用“我”。这种称谓拉近了他们与同事的距离，同时也给人一种亲切的感觉。久而久之，甚至那些与他们意见相左的人，也不再与他们敌对，慢慢地加入他们的阵营。

喜欢表现是大多数人的天性，这很正常。同时，在竞争激烈的今天，想要适应时代挑战，就必须充分表现出自己的才干与优势。然而，任何刻意的表现都是愚蠢的，结果将适得其反。表现自己必须采用正确的方式，并且注意区分不同的场合，不分场合的表现，只会给自己带来厄运。

我的公司有一名叫凯尼的普通设计员，他工作积极主动，为人热情大方，在公司里深受好评，我对他的印象也很不错。然而，有一天，他的一个小小的举动使他颇为完美的形象在我心中瞬间崩塌，他在同事们心中的地位也是一落千丈。

那天，所有的同事都在会议室等待总经理开会。大概会议室的地板有些脏，一位同事主动擦起地板来。凯尼好像并不关心同事的举动，他双眼紧盯在会议室的透明玻璃窗外。当我端着刚从茶水间倒好的咖啡，准备去会议室的时候，他立刻快步向正在擦地板的同事走去，并执意拿过对方手中的拖把帮他干活。当我推门而入的时候，凯尼的举动就刚好被我看在了眼里。我想这就是凯尼的目的了，他为了得到我的重视，竟然不惜做出虚伪的事情。我本来有意把他升为设计总监，现在，我却放弃了。

这是一种不好的现象，每个公司、每个角落都可能存在。为了得到立竿见影的回报，把人际关系用尽，生意一次做死，这种短视的行为无疑是在杀鸡取卵。像凯尼这样的行为，简单来讲是为了表现自己，但是殊不知聪明反被聪明误，反而使他的为人显得虚伪而功利，不仅达不到想要的目的，反而让人心生厌烦。而真正懂得不露声色之道的人，正是那些能够身体力行、尽力做好每一件事情的人。

>> 别让你的“潜意识”蒙蔽了你

我想几乎每个人都遇到过这种情况，当你讨厌做一件事情的时候，就会在心里生发出放弃和懒惰的情绪。这时候，你的心里仿佛有个声音在说：“偷一下懒吧！没关系的，反正勉强自己也做不好事。”结果，这件事情就真的没有做好。当你想要买一件很贵的东西的时候，潜意识又会告诫自己：“我没有钱，我买不起这个东西。”而你就真的放弃了，因为觉得自己不会买得起。当你接手一份棘手的工作时，第一个蹦出的念头便是：“天啊！这太难了，我不可能按时完成。”事情无一例外地如你设想的那样，你没有在规定的时间内完成工作。

潜意识能够应允我们的任何愿望，它本身并不能自我分辨。当你对自己进行消极的暗示时，它就会产生消极的作用；而当你积极地鼓励自己时，也会产生预想不到的好的结果。简单来说，潜意识既可以帮助每个人达成目标、甩掉恶习，同时也可以让我们屈服于它，使我们成为它的傀儡。

过去，科学家一直认为，人是理性的独立个体，其一切行为由自己的意识所决定。不过随着一些心理学家的大量研究，我们发现，人类的行为和决定实际上在被无意识的想法深深影响着，而这些想法又深受当前感知的影响。

据荷兰心理学家的研究发现，我们生活中90%的想法都是受潜意识支配的，如果无法控制和利用这种潜在的力量，无疑发展的空间会极其狭隘。人类的潜意识能量远远超过我们的想象和预期，它强大到足以左右我们的任何行为。

饮料厂家总会在广告中让自己的产品——比如可口可乐在海滩、朋友聚会等积极热情的场面中出现，不断重复强化。我们的脑海里便形成一个本不存在的联系，在气氛热情洋溢的时候，需要可乐。然后，真的遇到类似场合时，潜意识会突然帮我们做出决定：来杯可乐。

看到办公室里的公文包，我们会不自觉地表现得更具竞争性。

看到墙上挂着一幅图书馆的画，我们说话的声调会自动降低。隐隐约约地闻到一股清洁剂的味道时，我们下意识地收拾书桌，使其更整齐一点。这些举动，尽管我们可能一点也没有意识到，但是现实生活中，我们的行为确确实实被一些微不足道的事物所影响着。所以，为了突破潜意识的蒙蔽，从而让其更好地为我们服务，我们就需要学会利用潜意识的力量。

这并不是一件困难的事情，相反，人人都可以做到。

比如，当你面临一个艰巨任务的时候，首先要做的不是妄自下结论，不要在心里暗示自己——“我不行”“我做不到”，而是要坚定地告诉潜意识，“这对我来说是个挑战，是极好的展现能力的机会，我一定会做好”。这样，潜意识就能接收你的信息，积极地配合你去完成工作。

潜意识不辨真假，它只会直来直去，而且它的记忆力很差，这就需要我们反复地强调和刺激。而好的习惯，正是在这种重复和刺激中形成的。

脑科学研究发现：潜意识在G波状态最容易吸收外界的信息。这是什么意思呢？这就是说，你的潜意识喜欢在你执行一些比较轻松的工作时发挥作用。所以，当你处于休闲和相对轻松的思维状态时，不要让潜意识睡大觉，而是要抓住这个机会让它为你服务。爱迪生说过：“不要未向自己的潜意识发出请求，就去睡觉。”为什么这么说呢？你可以回忆一下，你的那些好主意和出色的计划书，是不是大多都是在洗浴或者喝咖啡的时候想到的呢？

发掘潜意识的力量，并能够掌握它、利用它，久而久之，你就会发现，自己的心灵力量正逐渐变得越来越强大，而你也会借助这种力量取得“心想事成”的美好结果。

>> 关注结果，并在适当的时候忘记过程

一旦看到自己的某些行为会带来显著的成绩，那么该行为就是对自己的一种鼓励。你需要重视这些行为的每一个细节，找出可以激励你的部分，并尽量采用书面记录的形式，来放大它对你的激励作用。

市场不相信眼泪，不相信苦劳，只相信功劳。即使你的劳动成果化为泡影，也不要怨天尤人，觉得自己应该被原谅，没有功劳也有苦劳。失败了，即使过程再完美也是没有用的。在失败的结果中，过程如同一棵一直茁壮成长的果树，如果无法结出一枚果实，那么，这棵果树始终是没有任何价值的。

有一个农民种了几亩西瓜，由于他的勤劳灌溉和培育，西瓜长得很好。农民预估了一下，他这几亩西瓜，根据市场价能卖一万块钱。但是天有不测风云，一场突如其来的冰雹把即将收成的西瓜全部打烂了。农民悲哀至极，他在察看的过程中发现，有一个躲在其他西瓜下面的小西瓜没有被打坏。于是他精心呵护这个西瓜，等到完全成熟后，他把这个西瓜拿到集市上准备卖掉。询问了价格后，他得知这个西瓜再好也只能卖五块钱。

在这个农民的意识中，这个西瓜要是能卖一万块该多好啊！但事实就是事实，他的西瓜和别人家的西瓜一样，只能卖五块钱，无论他付出了多么精心的呵护。

就像你在工作中接手了一个项目，过程中你废寝忘食，百般努力，但是最后你没有做出任何成绩，难道你的老板会看在你辛苦的分儿上为你埋单吗？在企业中，员工就像是种瓜的农民，而老板就是买瓜的，如果没有见到西瓜，你的老板会掏钱吗？

很多人忘记了这么简单的一个道理——过程固然重要，但是执行过程的目的是实现成果。那么我们是否应该更多地关注结果，适当地忘记过程呢？

>> 尽量避免自责

一再出现错误时，很多人总是倾向于自责。“我没有毅力”“我不行”“我是一个失败者”的想法在心里不断涌现，这些负面暗示会助长你潜意识的控制能量，使你沉沦在负能量中。因此，当错误降临时，我们要尽量用正面积极的语言来鼓励自己，而不是一味自责。

当你因为做错事情或者失去某样事物而陷入内疚和痛苦时，请记住，你正在前进和奋斗的途中，此时此刻的后悔和自责，是没有任何用处的。迅速地调整定位、继续前进还有可能弥补过失，而一旦因为过于自责而停滞不前甚至退出，事情就真的完了。对我们来说，避免自责的最关键要素，是理智地调节自己的情绪，尽可能地做好每一件事情。

曾经有一位年轻的沃特太太特地找到我，诉说她的痛苦。她说：“我是一个职场妈妈，我有自己的公司，工作很繁忙，这导致我没有时间照顾我的儿子，我很内疚，所以只能在物质上尽量地弥补。但是，我并不是每时每刻都觉得愧疚，我经常又安慰自己，‘我根本没有做错什么呀，工作繁忙并不是我的错’。当我这样想的时候，心中的愧疚之情就会减少很多。可是一旦我的儿子做错一点事情，我就会觉得难以忍受，然后会狠狠地训斥他。我为自己难以自控的情绪感到惊讶和羞辱，我这是怎么了？怎么会连一点点的小事都容忍不了呢？”

沃特太太的情况恐怕是大多数年轻父母的困惑，忙于工作，无暇照顾孩子，心中总是充满愧疚。要想解决这个问题，首先要做的就是包容自己。

我对沃特太太说：“请您一定要宽容自己，首先要从直面认可自己的感情开始。接受为人父母产生的内疚是第一步，如果自己都没有办法原谅自己，那谁还会来宽容你呢？”

“我想我可以做到这一步，那么接下来呢？”沃特太太紧张地问我。

“第二步就是要客观地审视自己的行为，找出使你产生这种情绪的原因。你现在就可以回想一下，到底是因为没时间陪他而内疚，还是因为训斥他而内疚呢？找到这个原因之后，你可以继续反省自己。一直以来，你是否都只是在用物质来对孩子进行补偿？或者说，由于自己的内疚，你可能该批评的时候反而故意不批评了呢？”

沃特太太恍然大悟，她坦诚地说：“我总是觉得自己的时间不够用。所以，当儿子要我陪他玩时，我总是说‘明天好不好？’‘下次吧！’他让我陪他做模型，我会不耐烦地训斥他，甚至睡觉前想要我给他讲个故事，我都用工作太忙来敷衍。天啊！我做得实在是太糟糕了。”

“我想，接下来应该怎么做，您一定已经清楚了。从现在开始，你要强制自己去做一些事。如果是因为没时间陪孩子玩而内疚，就多抽时间陪他玩；如果是因为训斥他而自责，就尽量减少训斥的次数和时间。时间久了，你就发现，自己变得温和而有自控力。”

两个月以后，当我再次见到沃特太太，她开心地对我说，她现在已经和儿子成了好朋友，她也逐渐地不再自责了，她公司的员工竟然也变得愿意与她接近。

避免自责和内疚的方法，简单地归结起来就是，将自己的担心和忧虑简单化，并一点点地加以解决。只有切实改变自己的行动，内疚和自责才会逐渐减少。

>>> 心态决定状态，心胸决定格局

每个人都无法决定自己生命的长短，但是我们能决定生命的过程！无论我们选择什么行业，身处哪一个位置，每一个志在成功的人都可以将自己的人生拓展到最大可能的宽度。发挥自己对他人有益的作用，其实就是拓展人生的宽度；给予和奉献，也是拓展自己人生的宽度。

>> 思维的能力缔造我们的宽度

思维的宽度主要是指思维的广阔性。一个能思考问题并延伸至

多个方面、多种角度、多种可能、多种原因、多种结果的人，无疑具备广阔的思维度。思维具备宽度的人，遇到重大问题，善于用联系的方法，将问题所有的内在与外在因素以及它们的关系找出来，进而分析出问题的本质。在这样的分析中，他们能把握事物的规律，形成强大的判断力和决断力。

出于对事物本质与规律的高度把握，思维宽广的人能包容很多事情。在他们眼里，不仅有当下的人与事，更有过往与未来的人与事。当他们忍受种种困苦时，亦能感知其中的美满与幸福，而不是抱怨世态的炎凉与不公。越是在困难的境地里，他们越能感受自己的重要性，越能给予和付出，创造爱的价值。

所以说，宽广的思维拓展了生命的宽度。

>> 承受力创造你的宽度

责任、期盼和压力从本质上造就了人生的沉重感。善于承受的人，即便面对无以复加的沉重，也能凭借强大的内心，使生命充满快乐。在贫瘠的现实面前，他们是当之无愧的精神贵族。

承受者活在自己的世界里，不为外物所动，这是他们对抗压力的基础。现代社会，几乎每个人都面对着强大的压力。事业的压力、健康的压力、亲朋好友的压力……在林林总总的压力面前，很多人无法承受一点委屈，特别是当被他人误解和冤枉时，心灵就遭受了创伤。这是因为他们活在别人的眼光里，他人的一举一动都会影响到自己的心灵世界。

善于承受的人，淡然而坚定地追寻自己的生活，他们的力量永远来自内在的世界，没有人能真正地伤害他。在真理与真相面前，即便千人反对、万人指摘，他们也坚持不为所动，感受孤独，感受来自灵魂的力量。

很多人认为，那些善于承受的人平时是冷漠的、强势的、咄咄逼人的，其实恰恰相反，他们是温柔的、微笑的、柔韧的、不紧不慢的、沉着而淡定的。强大并不意味着强势和霸道，而是一种内在的安定与平静。因此，他们更能做到宽容和谦让，更明白自己真正需要什么，深知为他人创造快乐的重要性。

人生没有绝对的公平，公平都是相对的，每个人都会受伤害。就像在一个天平上，想要得到更多，就必须承受更多。面对同样的伤害，善于承受者更懂得安慰自己，看到未来的希望；而不善于承受的人则充满恐惧与悲观，不愿意承受眼前的痛苦。对承受者而言，没有所谓的希望，他们在哪儿，希望就在哪儿。

那些似乎总是得到上天偏爱的人，并不是因为运气站在他们的一边，而是因为他们善于承受，拥有自己的理想，并且总是为之付出努力。

我一直认为，命运不是上天赐予的，而是自己打造的。善于承受者的内心强大，人生目标清晰。正因为他们有着清晰的人生目标，所以能坚定地走下去。世俗的对与错，不是他们进行判断的标准，他们真正的判断依据，其实是事情的本质与自己的真实想法。善于承受者无论在什么样的情况下，都试图看清楚眼前的事情究竟意味着什么，自己想要得到什么。他们矢志不渝地做自己想做的，内心不存在太多的冲突。而这一点，正是他们成功的基石。

其实，在人生的任何一个阶段，从头再来都不可怕。每一个看似低谷的起点，都可能是通往巅峰的必经之路。每个人都可能遇到困境，总是有求于人并不是摆脱困难的正确办法。善于承受者深知这一点，他们的痛苦与快乐不在于外在物质的有无，而在于自己的心境是否平和。无论做什么，善于承受者都认定这是在为自己而做，没有一丝怨言。面对困境时，他们也不会悲观厌世。短暂的困难也许会让他们暂时失去一些外在的光鲜亮丽，但他们的心灵一直是丰富的，不曾有过空虚。强大的内心使他们相信，卷土重来并非多么可怕的事情。

失眠、焦虑、急躁，只属于那些不能承受的人。这些人只懂得追求，却忘了随时随地要做好人生中最坏的打算。善于承受者思量过一切灾难与痛苦，他们想要体验幸福，但也没有忘记承受不可避免的痛楚。承受是他们的力度和气度，也是他们坦然接纳一切的生命理念。承受使他们实现了最完美的自我收敛，承受让他们完成了最低调的自我蓄势，承受帮他们走过了人生高低不平的波折之路。

Part 5

做自己命运的主人：必须进行理性的冒险

人生不能永远直线前进，在通往成功的路上，总会遇到许多不尽如人意的事，或遭受他人的排挤，或遭受他人的暗算，等等。因此，我们需要适时地“停下来”或者“退几步”，看看自己走的路是否正确。在停歇和冷静的思考中，我们可以重新确定前进的方向，找到进步的空间，更好地前进。

>>> 无条件的自信，即使在做错的时候

“你自信吗？”

我想你们一定会给出很多答案。有些人会回避这个问题，因为他也不知道自己是否自信，常常陷入困惑之中。有些人则急于证明自己是自信的，他们会大声告诉我：“当然，我从小就是一个信心十足的人，将来也是！”还些人则明显感觉到自己的信心不足，也会勇敢地承认：“是的，苏先生，我有些自卑，缺乏勇气。”

先不要急着回答这个问题，你可以花几分钟琢磨一下下面的几个问题：

我喜欢现在的自己吗？

我对自己重视吗？

我是否关心自己？

我是否接受自己？

如何才能变成自己喜欢的样子？

实际上，单纯的自信并不是最为重要的，建立在理性基础上的信心，对我们才有更加重要的价值。

如果你能对上述问题明确地给出肯定的答案，说明你是足够自信的。作为一种强大的内在精神力量，自信力是对自我能力和价值的充分肯定。从本质上来说，它是一种理性的力量。倘若你不能够完全接受自己，那么你的自信就只是一种感性的内心感觉而已。内心的感觉并非内在的精神力，它是极不稳定的。也许这一刻你感觉自己自信满满，十分优秀，下一刻当你看到比自己更优秀的人时，又会情不自禁地自卑起来。

你对自己价值的认识，会影响你的自信。在缺乏自信的人心中总装着一个人，这个人如影随形，总是一再地掠夺我们的自信。这个人就是每一个人内心深处的那个苛求者。在不自信的人看来，自己的生活幸福还是不幸，职业生涯顺利还是坎坷，精神丰富充实还是空虚乏味，困难时是充满勇气地迎难而上还是懦弱胆怯地溃不成军，与他人关系是融洽和谐还是剑拔弩张……这一切都取决于内在的苛求者。

充满自信的人，不会被苛求者束缚，他们接受自己、善待自己，绝不会一有机会就用严苛的话责备自己。在他们眼里，自己才是生活的主宰，自己就是值得爱的、有价值的。不论他人如何看待自己，他们都能感觉到真实的自己。

事实上，只有我们自己才能将自我塑造成理想中的样子。你想让自己成为什么，自己就会成为什么。然而，遗憾的是，绝大多数人都把自己想象得十分渺小，低估自己的能力。这些人可以对他人不吝溢美之词，却无法正确地认识到自己的聪明才智。

所有拥有非凡自信的人，都会理性地看待自己，深信自己的价值非同一般，并在举手投足之间表现出这一信念。

美国的布鲁金斯学会是一家著名的机构，它的成功之处在于多年来培养出很多在世界上深具影响力的推销员。这家学会有一个传统，学会会给即将面临毕业的学员们设计一道最能体现推销员实战能力的实习题。在尼克松总统执政期间，这家学会的一位学员竟然成功地把一台微型录音机推销给了尼克松总统。因此，那一年，学会把一只刻有“最伟大的推销员”的金靴子作为奖励赠予他。

然而，一晃二十多年过去了，再也没有人能够获此殊荣。在小布什当政期间，学会设计了一道与之前类似的实习题：请把一把斧子推销给小布什总统。看到这个难度极大的题目，许多学员选择主动放弃角逐金靴奖，二十多年来，没人能拿到这个奖项，学员们仿佛也都认定自己没有过人的实力获奖。在他们看来，现任总统根本不需要斧头，即使需要，总统先生也不会亲自购买的。总之，这是一个不可能完成的任务。

2001年，一个名叫乔治·赫伯特的推销员成功完成了这个任务。乔治·赫伯特很轻松就做到了，并没有花多少工夫。他回忆说，自己认定把一把斧子推销给小布什总统并非不可能，而是可能性很大。在他决定接受这个任务之后，就去研究小布什，结果发现总统先生在得克萨斯州有一个农场，里面有许多树。这是一个推销斧子的好机会，于是他给总统写了一封邮件，说道："总统先生，我有幸参观过您的农场，发现里面长着许多大树，部分已经枯死。我想您一定需要一把斧头。我刚好有一把非常适合砍伐枯树的斧头，如果您感兴趣的话，请回复。"后来，小布什总统便给他汇来了买斧头的钱，他把斧子送了过去。

二十多年来，这个学会培养了不计其数的推销员，造就了许许多多的富翁，他们之中肯定有人能力胜过乔治·赫伯特。为什么布鲁金斯学会坚持将金靴奖授予乔治·赫伯特，而不是其他能力更出色的推销员呢？学会的负责人这样回应道："因为我们一直想寻找一个真正自信的人，这个人不因为他人说某一目标不能实现就放弃，也不会因某件事情难以办到而失去信心。"

乔治·赫伯特的成功有力地证明了自信是一种理性的力量。自信是对自我的理性认知，并不会被外界干扰。那些看似难以解决的困境，不是让真正的自信者失去信心的理由，反而会激发他们更积极的进取心。

这是我们心灵的支柱：每个人都应做到自立不浮躁。浮躁会让你冲动，从而丧失理性。

潘杰客先生曾任北京华商会监事长，他的人生与事业非常开阔。天资聪颖的他当过国家建设部党委宣传部副部长，也做过凤凰卫视的主持人，还有过创业经历，做过职业经理人。可是，就是这样一个优秀的人，初到美国时也曾被身边的同学看不起。

为什么？

潘杰客初到美国时，住在美国的父母家里，父母供应他的衣食住行。在我们中国，这是一个再正常不过的现象了。然而，美国人不这么看。当潘杰客晚上去英文夜校学习外语时，几乎所有的美国同学都“鄙视”他，同时孤立他。

潘杰客说：“我用骄傲的语气告诉别人，我父亲毕业于康奈尔大学，英文很棒。我还对他们说我父亲教我英文。结果，同我说话的那些同学对我不屑一顾，说虽然我们英语很差，但我们一样能打工，然后来夜校读书。你这个家伙竟然还有优越感？不要忘了，你都是靠别人啊！”

受到刺激的潘杰客发誓改变自己。他从家里搬出来，租住在纽约的地下室，并且依靠在快餐店送外卖的钱养活自己。他认为，如果再去向兄弟姐妹和父母索取帮助，是一种耻辱。美国人十八岁就开始靠自己，当时他已经三十岁了，必须靠自己的能力生活。

一直以来，西方国家的教育都是努力淡化家庭之间互相依附的关系，培养孩子独立自主的意识和能力。这种文化，体现的是他们尊重普遍性的人性和人权，实际上也就做到了尊重孩子的基本权益。在这种环境下成长起来的人，普遍具有更强的包容性，也容易具备真正的自信。他们从小就认定自己是生活的主宰，并在成长过程中形成了完全独立的自我思考与判断。

我们想要具备理性的自信力，必须从学会独立开始。

除了学会独立之外，我们还要戒除内心的浮躁。

曾任亚洲开发银行中国代表处首席经济学家的汤敏先生，在1973年被派到广西南宁第四中学当数学老师。而当时他自己连高中都没有读完，面对跟自己水平差不多的学生，压力其实很大，但是他却表现得自信满满，异常冷静。有人这样问他："你在讲台上是如何做到自信的？"

汤敏的回答很简单，不要浮躁，保持乐观，然后继续自学。他经常当天自己学完之后，第二天给学生上课。

1977年10月，中国的高考制度恢复了。这一年的汤敏已经二十四岁，而当时广西考区对考生的年龄限制是二十五岁。他非常渴望参加高考，却面临着三个巨大的难题。其一，没有必胜的把握，他除了数学知识掌握得不错之外，英语、物理、化学知识极为有限，基本上没学过。其二，朋友和家人坚决反对。在他们眼里，汤敏的教师工作非常稳定，已经相当不错了。很多普通的师范大学毕业生，也不过当一个中学老师而已。其三，汤敏要跟学生一起考试，若考不过学生，丢脸是肯定的。

汤敏认为，人要想做成什么事，不能太在意他人的看法，不能有那么多的疑虑，要服从内心的想法。最后，他果断地参加了考试。这场考试改变了他的生命轨迹，使他最终成为中国著名的经济学家。

一个人浮躁的根源在于，内心充满顾虑，不能确定自己的真实想法。特别是对于刚毕业的大学生和初入职场的年轻人来说，他们的疑虑很多，在众多的选择面前，没有勇气面对自己的内心世界。这就造成他们在一个职位上，容易朝三暮四，而不能沉下心来追寻自己真正想要的东西。

想要克服这种情绪，培养理性的自信力，就必须从以下几点入手：

任何时候都要放弃“绝对不可能”的消极想法。

给自己确立切实可行的目标，抱着必胜的信念去追逐它。

认识并肯定自己的特长与优点。

宽容自己的过失，欣赏他人的成就。

学会感恩，培养双赢的合作思维。

乐观地看待一切人与事，哪怕在事情的发展不尽如人意的时候。

>>> 伺机而动，像狼一样去进攻

在机会闪现的片刻，真正的隐忍者会毫不犹豫地表现出自己凌厉的一面，以无法阻挡的态势向机会进发。

2005年3月，我在国内的一所大学给大学生们做就业与创业主题的演讲。演讲临结束时，我掏出十几张名片，对大家说：“同学们，大家听得非常认真，期望这些内容对大家有所帮助。我顺便带了一些自己的名片，要的同学请举手！”话音刚落，几乎所有的同学都举起手来，齐刷刷的，颇有气势。正当我叫助手派发名片时，只见坐在最后一排的一个瘦小的小伙子快速奔到我面前，“苏老师，我想要一张您的名片。另外，我能跟您单独合个影吗？”

其他所有想要名片的大学生都坐着等待名片发到自己手中，而这个瘦小的家伙竟然主动跑上来索要，并找机会跟我合影。我对他有了深刻的印象。

几个月过后，我的团队在网上发布了招聘启事，招聘新人，充实队伍。就在那段时间，我收到了那个小伙子寄来的一封问候信和合影。他在信中诚恳地描述了求职的艰辛，并希望能加盟我们团队。考虑到他的专业背景符合我们团队的一个职位，我很快就通知他来这里上班。

在这个竞争日趋激烈的社会里，我们每一个人都需要机会，然而机会往往是稍纵即逝的。当机会来到你面前时，就需要你展现出凌厉的一面，即便你一直是害羞、内敛或矜持的。否则，你的潜能和价值就会被埋没。在关键时刻，凌厉地向机会冲刺，是真正的隐忍者的特质。这个道理很简单，一点都不深奥。

问题是，我们如何在关键时刻改变自我，展现出凌厉的作风呢？

我必须承认，我从小就不是一个凌厉果决的人。与之相反，我做事时常拖泥带水，也时常犹豫不决。为此，我没少受到家长和老师的批评。“犹犹豫豫的，真没出息！”这是我父亲经常训斥我的话。我曾发誓改掉这个毛病，然而尽管很努力，却收效甚微。

所谓的“时间逼定”，就是在自我限定的时间内强迫自己“出头”。现实中有很多时间逼定的范本。在西方的结婚仪式上，主婚的神父必说一句话——“你们当中，如果谁有合理的理由，否定这桩婚姻，那么，现在请当着主的面说出来。否则，永远不要说了。”这句话看起来是在为新婚夫妇着想，实际上却给了新郎或新娘的旧情人跳出来大搞破坏的机会。旧情人在婚礼上把婚事搅黄的情形，并不少见。这就是经典的时间逼定的例子。

如果你像曾经的我一样，在面对机会时，总是拖拖拉拉，没有冲上去一搏的勇气，不妨尝试这个技巧。虽然时间逼定对自己略显残酷，不过它的效果确实明显。

作为一个真正的隐忍者，在机会面前我们需要凌厉地展开攻势。然而，大部分时间里，机会都是不成熟的，我们所需要做的就是努力保持克制。

克制并非消极的等待，克制本身也能为我们的成功创造能量。心理学家经研究发现，我们的快乐程度完全取决于自己在生活的重要领域中能够有多少控制力。如果我们无论做什么事，都有自己是主宰的感觉，那么我们无疑是自信的、快乐的。这种积极的心态来自于内心的掌控感，这种感觉意味着你认为自己是生活中最主要的创造力量。这种感觉是一种能量，它能助推我们走向成功。隐忍者们正是在保持克制的过程中练就这种控制感的。因此，如果我们想要培养积极乐观的个性，保持克制是绝对必要的。

一位智者深受弟子们的钦佩，因为他总能够完成惊人的工作量。弟子们问智者："为什么您总能完成那么多任务，而从来没有显出紧张的模样呢？我们想知道，你是如何做到保持冷静的同时又具备充沛的精力的？"

智者这样回答道：

"当我站立时，我就站立；当我行走时，我就行走；当我跑步时，我就跑步。"

弟子们表示不解："这怎么可能是您的秘诀呢？我们也是这样做的呀，但是为什么我们做的工作不仅比较少，而且总是感到紧张呢？”

智者答道：“原因很简单，你们没有保持克制。当你们应当站立的时候，你们已经开始行走了。当你们应当行走的时候，你们已经开始跑步了。当你们应当跑步的时候，你们已经抵达目的地了。”

我们绝大多数人都像智者的弟子们一样，无法克制自己，特别是无法控制自己的思想与做事的节奏。当我们从事一件工作时，总是不自觉地想到昨天的事情，或者接下来需要完成的事情是什么，而没有把自己控制在当下。我们的思想像极了一场失去控制的火灾，肆意燃烧。想要成为一个能凌厉进攻的隐忍者，必须学着控制自己的思想，使自己的紧张发挥有益的作用。如果我们把注意力全部集中到正在做的事情上，自控力就出现了。

幻想着每时每刻都能完全集中思想，是不太现实的。我们可以不断地锻炼自己集中思想的能力，慢慢地取得进步。适度压抑自己的潜能，不仅能帮助我们理清思绪，清除因思虑过多而产生的焦虑感，最重要的是能避免我们锋芒毕露，帮我们获得良好的人际关系。

我有一个“海龟”朋友，于国内名牌大学毕业后又去美国留学，专业方面很厉害，是个博学多才的人。但是他的人际关系并不是很好，因为他喜欢争辩，性格比较冲动，又恃才傲物，同事和上司都故意离得他很远。所以，工作了四年，他仍旧待在技术员岗位上，得不到公司的重用。后来，他的好朋友给他分析了他的问题，他才渐渐变得成熟稳重起来。仅仅过了半年的时间，他就被破格提拔为公司的技术总监了。

人际交往的过程中，最忌讳的就是把自己置于高不可攀的位置。如果你把自己看得太高，又喜欢卖弄才华，那么你就很容易在无意间得罪别人。因为人人都有自尊，当你太过招摇、四处抢风头的时候，别人要么不愿意与你交往，躲得远远的，要么就会想要杀杀你的威风。

当然，我们这里说的不要锋芒毕露，意思并不是说完全不展示自己的才华，而是说要有所保留与克制。应该展示的时候绝不退让，而应该谦让的时候也要及时打住。

日本有一名撑高跳运动员，曾经连续六年获得世界冠军，并不断突破世界纪录。当记者问他一直能够保持纪录的秘诀时，他谦虚地回答："其实，我第一年拿冠军的时候，就能做到现在（第六年）的纪录，我之所以能连续打破世界纪录，只是因为我懂得控制自己。"

如果他在第一年就展示出第六年的成绩，那么之后也许就不会做出任何超越之前的成绩和突破，甚至可能难以保持以往的纪录。适当地压抑住力量的爆发，会从心理上不断地给自己一种鼓励——"我还没有完全发挥出我的力量，我还可以做得更好。"本着这样的想法和意志，就会让自己变得越来越强大。

不管是工作还是为人处世，最重要的就是把握一个"度"，任何事情都过犹不及。就像有的人，往往在达到了一个巅峰之后就觉得自己后劲不足，无法再做出更大的成绩了。这其实就是没有适度压制潜能的后果，就像挖煤矿一样，一次性把所有的精力和潜能都挖掘出来，之后还有什么可以继续开发的呢？在一定程度上，适度压制潜能也是给自己的未来发展留一条后路。

>>> 主动退一步的智慧

>> 适时退让是一种谋略

具备较强隐忍力的人懂得退让。其实，对每个人来说，适时退让不仅是一种智慧，而且还是一种谋略。前面的世界纵然宽阔但充满竞争，无法拥挤着前进时，不妨回头退让，寻找转身的余地。人生不能永远直线前进，在通往成功的路上，总会遇到许多不尽如人意的事，或遭受他人的排挤，或遭受他人的暗算，等等。因此，我们需要适时地“停下来”或者“退几步”，看看自己走的路是否正确。在停歇和冷静的思考中，我们可以重新确定前进的方向，找到进步的空间，更好地前进。

一位拥有计算机博士学位的年轻人，因缺乏工作经验，屡次面试都遭遇失败。他没有继续找下去，而是冷静地思考了一番，然后果断地在简历上拿下自己所有的学位，用高中学历去找工作。

转变身份之后，他很快就找到了一份程序输入员的工作。虽然这份工作对他来说真的是大材小用，但他没有抱怨，而是认认真真地投入到工作中去。不久，老板发现这个程序输入员不简单，他不仅能胜任程序输入工作，还能检验出程序中的错误。此时，年轻人向老板出示了自己的本科毕业证，老板将他调到技能更高的岗位上。

没过多长时间，老板发现这个年轻人在新岗位上也游刃有余，而且还能提出许多独到的见解和建议。这时，年轻人又拿出硕士文凭，老板想着人尽其用，就把他调到更高的岗位。过了不久，老板再次发现他的新才干，就问他是否有更高的学历，此时他才拿出了博士证。老板毫不犹豫地重用了他，因为他对这个年轻人的才能从最低到最高有了全面的认识。

年轻博士以退为进，不仅顺利找到了工作，而且得到了重用。这就说明，退也是为了给自己找机会。与其在前进无路时到处乱撞，不如后退几步，另找路径，或绕个圈子再继续前进。

退一步并非代表懦弱，更不是认输的昭示，而是一种智慧。退一步是为了更好地积蓄力量为前进做准备，适时退步不仅能让我们有空间和时间冷静下来思考问题，暂时地休养生息，更能使我们找准出路，更迅速地朝着正确的方向进发。

两个拳师对打，一个霸气逼人，挥拳猛击；而另一个不断退缩，在防守中寻找机会。当迅猛进攻的人体力不支时，后退者瞅准机会，一拳就能击溃对方。

这也像形成海啸之前的海浪，它们并非一个劲儿地向前猛冲，通常也是先后退，但它并非为了退而退，而是为了积蓄更大的前进的动力。在不断的后退中，小波浪逐渐积蓄成中波浪，聚合成大波浪，最终形成一股可怕的前进力量，海啸汹涌而至，完全无法阻挡。

退一步，是为了进两步，以退为进，是一种明智的计策。如果知道自己的实力不足，那么最好避开对方锋芒，采取忍让的策略，在忍让中养精蓄锐、增强实力，等待时机成熟之后再和对方周旋。因此，无论做任何事，遇到暂时的困难，都莫要勇敢向前冲，最好选择以退为进的办法，在后退中寻找前进的机会，待到时机成熟时，再勇往直前，你将会收获更多！

硬着头皮向前冲的结果常常是，步伐越来越慢，甚至会误入歧途。

有一个辛勤劳作的农夫，尽管他非常努力，但他的生活依然非常贫困。他做出了很多尝试，生活状况依然没有多少改观。一天，一位天使路过他家，看到他的状况后，动了恻隐之心。他就对农夫说："从现在开始，你从家里出发向前跑，在太阳下山之前跑回来，而你跑过的地方所有的一切都将归你所有。农夫相信了天使的话，他兴奋地跑出门外，拼命地朝着一个方向跑。他跑了几个小时，疲惫不堪，但一想到妻子和儿女，就又充满向前跑的能量。他跑呀跑，直到轰然倒下，他永远也跑不回去了……

农夫为了眼前的利益，一个劲地跑，只进不退，最终一无所有，连生命也失去了。农夫的命运又何尝不是我们很多人的前车之鉴呢？生活里有很多人，不也是像他一般，一味地向前追逐，不知退让吗？只不过，他们没有像农夫一样付出了生命的代价。

人生不仅要有"进"的勇气和实力，还要有"退"的大度与智慧。更多时候，刻意的追求，并不能得到完美的结果，反倒白白增添烦恼，让本来离自己很近的幸福轻易溜走。

>> 远离消极的情绪

在很多人眼里，隐忍就是暂时的忍耐。他们很明白自己需要做什么，而且在时机不成熟的情况下，他们也确实能做到忍耐和等待。不过，令人遗憾的是，其中大部分人的结局并不理想。原因有很多，他们不是坚持错误的等待，就是为了等待某个更好的事物，而放弃眼前的利益，结果更好的事物没有出现，反倒失去了触手可及的美好。

犹太民族掌控着很多财富，他们是世界上最善于等待和忍耐的那一类人，不过，他们的等待和忍耐是有原则的。犹太人精于计算，他们如果认为某生意确实有利可图，就会耐着性子，静候时机。然而，犹太商人从不为没把握的事情白白等待，他们一旦发现某生意不划算，即便已经投入很大的资本，也会果断收拾残局。不用说三年五年，他们连一刻也不愿意等待，一旦发现危险信号，会断然放弃“赚大钱的机会”。

犹太人在做出某项投资之后，通常会制订投资一个月后、两个月后以及三个月后三套计划。投资一个月之后，即便发现实际情况与事前预测的有较大的出入，他们也不会感觉惊讶，甚至还会追加投资。两个月后，实际情况与预想的仍有较大出入的话，他们会继续追加投入。第三个月后，若情况仍不符合计划，且没有明确的事实证明将来会发生好转的话，犹太人会断然放弃这个项目。他们的放弃，意味着放弃全部投入的资金、人力和时间，甘心认赔，不再抱任何幻想。

即使遇到不得不放弃和退出乃至赔钱的情况，犹太人也不会出现消极的情绪，一味地唉声叹气，他们知道，生意不尽如人意是很正常的，及时悬崖勒马远比在烂摊子中大伤脑筋、进退两难要好得多。纠结于过去的投资不放手，情况无疑会变得更糟。

犹太人这种适可而止、遇到大事不妙立即掉头的做法，无疑把损失降到了最低，更好地维护了自己的利益。无数的经验教训证明，人的欲望无穷无尽，机会却稍纵即逝，为了得到更多而不计成本地等待，却不采取果断的行动，非但不能实现我们的梦想，反而会让我们失去原本可以拥有的东西。

然而，大部分人并不能像犹太人那样理性与冷静，他们在身处逆境时，完全被消极的情绪所控制，缺乏自我反省的精神。在困境面前，为了让自己更冷静，我们首先必须砍断消极的情绪树。

消极树上长满了叶子，每一片都是你的消极想法。消极的想法越多，消极树成长得越旺盛，你的信心就会愈发地脆弱。如何才能将消极树拦腰砍断呢？

我建议你使用两把刀，一把是“不自我论断刀”，另一把是“不自我验证刀”。

自我论断对自己的影响很深。不好的自我论断，指的是一些对自己不利的想法，比如，我口才不好、我人际关系不好、我的竞争对手太多、我一定做不好等等。

经常给自己做不良自我论断的人，如果做不出业绩，就会出现自我验证的情形。比如，“我认为自己不行，业务确实没做好”。结果，他就选择了放弃，离开了业务岗位。

经营了二十年的K大牛肉面店的老板胡明先生，想要重新装修门面，扩大经营。

在行动前，他首先想到了自己的儿子——留美的经济学博士胡峰。老胡认为自己只是个会煮牛肉面的老板，不懂得经济形势，向儿子征求意见是合适的。于是，他给儿子打了电话。

“儿子啊，我想把咱家的店重新装修一下，扩大门面，多赚点钱，你看怎样？”

“老爸，这个想法不好。如今的经济形势十分糟糕！我告诉你，在经济不景气的时候做任何行动都是错误的。你现在最好把钱留着，等到经济好转时再装修。”

“嗯，你说得没错。”

“老爸，你还要记住，如果客人不超过十个，就不要开空调。还有，牛肉放得太多，不符合经济利益，能少放一两块就少放点。”

虽然老胡不知道什么是经济效益，不过他认为，作为经济学博士，儿子的话肯定有道理。

于是发生了以下情形。

“老板，店里很热啊！”

“哎呀，经济形势不好，人多了再开冷气吧。”

“老板，牛肉怎么变少了？以前很多的啊？”

“哎呀，经济不景气，成本提高了啊！”

不久后，一家装修精美的牛肉面店在K大牛肉面店的斜对面开张了。

虽然这家面店的价格很高，每碗牛肉面足足高出K大牛肉面八元，但是奇怪的是，客人仍然络绎不绝。

不久后，K大牛肉面店因没有顾客而倒闭。

然而老胡没有悲伤，反倒逢人就炫耀：“我儿子不愧是经济学博士呀，他说经济形势不好，果真被他说中了，我的店就在经济不景气的情况下倒闭了。”

其实，老胡是一个手艺很好的牛肉面师傅。可悲的是，他喜欢自我验证，自己经营牛肉面店的经验明明比儿子丰富得多，却自认不如身为经济学博士的儿子；明明是他把客人赶走的，却将店铺关门归罪于经济不景气。

那些超级业务员的成功背后，都曾有过青黄不接的时期，甚至经历过三个月业绩为零的困苦。然而，他们懂得砍断消极树，在挫折面前冷静分析，最终获得了成功。

当你面临困境时，最容易出现消极的念头，又或者是他人帮你酝酿消极的情绪。此时，赶紧备好“不自我论断刀”及“不自我验证刀”，及时砍断消极念头。短暂的不顺利并不意味着将永远坏下去，当消极的情绪消失后，你会发现新的机会。

>> 赢家的“七分法则”

追求成功是每一个人的梦想。然而，很多人认为只要不断地进取、奋力拼搏就可以达到巅峰。其实，这种观点是欠妥的。生活中有太多的人是在人生即将攀登到高峰的时候突然摔下来的，因为太过追逐人生的圆满成功，往往会犯下一些致命的错误。后果是什么呢？人生没有得到一百分，连之前的八十分也被抹掉了。中国有句俗话：“退一步，进两步。”我曾接触过不少成功人士，他们恰恰都是在关键时刻急流勇退，找寻新的发展领域，取得惊人成就的。

温特沃斯女士是美国一个著名访谈节目的女主播，曾经访问过美国众多知名的影星和商界风云人物，她的名字在美国可谓是家喻户晓。虽然已经七十多岁了，但是她依旧充满了迷人的魅力。几年前，一个偶然的机会，我在一位媒体朋友的介绍下拜访了她。那时候，温特沃斯女士已经从ABC（美国广播公司）的王牌电视新闻访谈节目退出很多年了，目前担任纽约一家著名明星经纪公司的总裁。

对于我的到来，温特沃斯女士显得很热情。当我询问她为何在事业如日中天的时候急流勇退时，她淡然地笑着说："这正是我成功的秘诀。虽然我坚信自己对美国新闻业的贡献是巨大的，"说到这里，温特沃斯女士幽默地笑了笑，"但是我认为，识时务者为俊杰，我懂得'见好就收'，以免落得被新人'赶出去'的下场。很多人输在这一点上：追求极致的成功。不断成功的真正秘诀是，得到一个七分后，果断放手，然后努力得到另一个七分。"

温特沃斯女士的故事深深地触动了我。是的，真正的智者都懂得这样一个道理：只赢七分，满则无益。太过追求完美和绝对的成功只会让你陷入无休止的自我苛刻中，从而连已经取得的成绩和快乐也会毁于一旦。

我的培训班里有一位年轻貌美的女士凯瑟琳。她的条件几乎让每一个女人嫉妒，美丽的外表、甜美的嗓音、良好的家世背景，而且还有一份令人羡慕的工作。

她看上去无可挑剔，但是她主动找到我诉苦："我实在是太苦恼了。也许这很好笑，但是我实在对自己感到不满。你看我的下巴，是不是还不够迷人？如果它能够再纤长一点就好了；还有我的工作，人人都觉得那是一份美差，可我还是需要看别人的脸色，如果我能够成为这家公司的领导就不需要再受气了；最重要的是我的丈夫，他太喜欢安逸了，我怎么能够忍受他仅仅对现在这样的薪水就满足了呢？而我也无法从别的异性身上看到令我满意的样子，他们实在是有太多缺点。我几乎每天都在想：如果我再完美一点就不会这样了。”

很明显，凯瑟琳得了“完美焦虑症”，她实在是太过追求完美了。在她的眼里几乎容不下一丁点的瑕疵。

我对她说：“凯瑟琳女士，从今天开始，你不能再这样折磨自己了。为什么不在看自己的下巴的时候再审视下眼睛？你会发现，它们这样搭配才是最美的。而当你想要升到更高的职位时，反问一下自己，如果达到那个位置，我能够承受随之而来的风险和压力吗？如果你一再勉强你的丈夫追求他自己不热衷的利益，让他时刻生活在被逼迫和不情愿的压力下，那你们的婚姻还会维持下去吗？从原来的思维方式中跳出来，享受拥有的总比为不可能的事情遗憾、忧虑要快乐得多。如果你愿意放下这些小缺失，相信你一定会比现在幸福十倍、百倍。”

我们身边有太多和凯瑟琳一样的人，任何事情都追求极致和完美，时时刻刻活在缺憾和抱怨里，正是这种心态把他们阻挡在快乐和满足的大门外，让他们变得越来越挑剔，越来越忧虑。

当然，有一颗追求完美的心是好的，但是如果过于追求完美，则不会给自己带来任何好处。一个人的要求越高，就越容易失望。当自己付出很多努力仍然达不到要求时，就会变得心灰意冷。真正能够保持成功状态的人，是那些拿得起、放得下，始终保持前进状态的人，他们才是人生路上的常胜将军。

>>> 建立自信的七个要素

如果你现在正深陷于无法突破的困境，请仔细地查看并调整目标和信念，暂时远离让你苦恼的困惑。很多时候，磨难并非使你焦虑和冲动的罪魁祸首，你的经历只是一方面因素，对于自己内心的总结才是最重要的。你要痛定思痛，找出真正的失败原因。

>> 克服你的胆怯心理

在面对陌生人或在一个不熟悉的环境中时，我们每一个人都难免有些局促不安。如果一直这样的话，你非但不能与人坦率自然地交往，而且还会使旁边的人感到不舒服。特别是胆小害羞的人，当他们遇到不熟悉但认识的同学，也常常因为不好意思而不与对方打招呼，结果让人误以为他们高傲自大、目中无人，人际关系也因此进一步僵化。当一项新的任务摆在面前的时候，这一类胆小怕事的人总是习惯性地退缩。他们缺乏信心，认为自己可能无法完成任务，所以选择逃避或放弃，也因此失去了进一步发展的机会。胆小害羞的人还有一个特点，那就是非常在乎他人的评价，对他人的一言一语异常敏感。因此，他人的一句否定或批评可能就会让他们闷闷不乐、耿耿于怀，进而影响接下来好几天的心情。

胆小害羞的人无论在学习上还是生活上，在追求目标时，总是没有足够的主动性、勇气和信心，原本可能属于自己的成功与幸福，在退缩中失去了。

胆怯退缩确实是人们生活中的一大障碍，它会阻拦你的成长。那么，到底如何才能踢开这块绊脚石，在人生的道路上一往无前呢？

1. 克服自卑心理

如果你觉得自己是个很胆小的人，那么证明你有自卑心理。自卑的根源是不能正确全面地看待他人和自己。在片面认识的基础上，就会感觉自己很差劲。所以，要学会客观地评价自己，并不因为某个方面的欠缺就将自我全盘否定。更不要太在意他人的评价，因为他人的看法往往是片面的，或者有时候是故意要引起你的自卑感。

当一件事情反复都做不好的时候，不要轻易地否定自己，要鼓励自己，相信自己。比如，你可以在心里默念："我可以做好，我正在分析原因，寻找方法，只要我耐心地多尝试几次，一定可以做好的。"用这样的方法鼓励自己，便不会轻易气馁和放弃。

你也可以运用"优势对比"的方法。比如，在杰克面前，你感觉很自卑，他比你帅，比你能干，比你幽默，你感觉跟他在一起，时时都会被他压制，仿佛一直活在他的阴影下。其实，你只是没有发现自己的优势而已。你可能比他人缘好，比他谦虚。他在软件开发方面很厉害，但你在修理方面能力比他强。处于幕后的位置并不能成为你自卑的理由。可以假设一下如下场景。有一天，公司的电源突然坏了，正在做软件的杰克急作一团，你却能轻而易举地修好电源，化解他的危机，此时此刻，你是不是比他优秀了呢？

2. 去尝试让你害怕的事物

当遇到了自己惧怕的事物或者人的时候，最好的方法是勇敢地面对。只要能够验证自己原来的认识是错误的，之后就不会再感到害怕了。比如，有些小孩特别害怕陌生人，性格非常内向。如果你让他试着跟邻居陌生的叔叔、阿姨打招呼，同时得到温和友好的回应，那么，这个心理芥蒂便会慢慢消失。

我曾经特别害怕煤气，很长一段时间里不敢开煤气灶，有时候甚至不敢进厨房。因为曾经见到过煤气爆炸的现场，在记忆中留下了深深的烙印，让我觉得煤气随时都会对人身安全产生威胁。为了彻底克服对煤气的畏惧，我反复地鼓励自己去亲身验证一下。终于，在一次安全的体验之后，我便再也不害怕煤气了。

>> 警惕让你不自信的小动作

人们在内心缺乏自信时，如果同时在行动中也一直表现得没有自信，那么他就会越来越不自信。

我的培训班里有一个叫艾伯特的年轻人，他身材矮小，相貌丑陋，最重要的是他特别肥胖。当他第一次吃力地从座位上站起来讲话时，整张脸涨得通红，他的手不停地揉捏签字笔，说话也变得结巴。本来应该简短的自我介绍，他足足讲了五分钟，最后竟然忘记介绍自己的名字。

课后，艾伯特告诉了我他的苦恼，他说："人们都不喜欢我，因为我是个臃肿的胖子，我的弟弟都羞于与我走在一起。我很难过，他们竟然会如此介意一个人的外貌。"

显然，艾伯特的苦恼是由他的不自信造成的，而并非真的根源于他的外貌。我对艾伯特说："不要轻易给自己下结论，你本来可以很优秀。你的问题是太过于在乎别人的看法，太不自信了。从现在开始，你要忘记以前对自己的不正确的看法，发掘自己的优势，只有这样，你才能改变自己。你可以尝试着把自己的优点和缺点写下来，尽可能地发挥自己的优势，尽量避免缺点，比如，你的声音浑厚有力，我相信你唱歌一定非常好听，那么，下次面对大家的时候，你就可以想着，下面的人都是你的观众，他们是专门来听你演唱的，你就不会再那么紧张了。”

这个方法很奏效，下一节课程的时候，艾伯特鼓足了勇气走到讲台的位置，做了一次完美的自我介绍。他不再有之前的小动作，而是大方地唱了一支歌，在大家热情的鼓掌声中，艾伯特幽默地表示：“我想一定是因为这里的凳子太小了，它妨碍了我的正常发挥，导致我忘记了告诉大家，我是美国未来的高音歌唱家艾伯特。”艾伯特的这次自我介绍很成功，大家被他的幽默逗得哈哈大笑，而他也变得自信起来。

当你缺乏自信的时候，一定不要回避自己想要变得勇敢的心理，这个时候更应该做些充满自信的举动，为自己打气。如果总是习惯性地认为自己不行，那么不管遇到任何事情，产生的第一个念头肯定是逃跑。久而久之，你就会变得比你想象的更加自卑。

丹麦有句格言：“当好运临门的时候，傻瓜也懂得把它请进来。”如果总是抱着消极、自我否定的态度，那么，即使好运来敲自己的门，你也只会让它从身边溜走。

想抓住好运气的话，从现在开始就要相信自己会有好运。然后身体力行，从每一件小事做起。比如，每天早上出门前提醒自己：“今天是个好天气，心情舒畅”；遇见不喜欢的人，告诉自己“忽视他的存在，他根本不了解我”；碰到不顺心的事情时，幽默地暗示自己“上帝正在喝茶，等他喝完就会来处理我的麻烦了”。自信并不是一件困难的事情，只要下定决心去做。从一个得体的笑容、一句坚定有力的问候开始，心情就会渐渐明朗起来。

>> 准备充分，为自信打下基础

自信心绝不是凭空产生的。比如，你要参加一项重要的考试，如果你一点都没复习，那么无论你如何胆大自信，也没有考好的底气，更何况本来就不自信的人呢？胆小的人心里更没底，无疑会更紧张。又比如，如果要在很多人的场合做一个讲座，但是自己一点准备也没有，那么当你前去演讲时，肯定对自己是否能够讲好产生严重的怀疑。当然，对于那些演讲经验十分丰富的人来说，他们本身就很会控制场面，善于调节气氛并能够即兴发挥，姑且另当别论。

因此，只有事先做好周密的准备，才能为自己树立起自信心打下基础，从而创造成功的可能。如果这一次成功了，那么就会为自己增加尝试下一个任务的动力，一个良性循环就此产生。最终，你会变得越来越自信，越来越敢于尝试新东西，越来越善于迎接更多的挑战，为自己争取更多的发展机遇，赢得更多成功。

>> 正确归纳失败的原因

失败对于胆小退缩的人来说，无疑是一种重创。同时他们也因为缺乏自信，会不断地遇到失败。每当遇到失败的时候，怯懦的人常常垂头丧气、耿耿于怀，他们习惯性地将失败的原因归结为自身的内部原因，即认为是因为自己能力不够，或者自己确实不太聪明。这种归因方式，毫无疑问会使他们怀疑自己，更一点一点地腐蚀自己的自信。以后再遇到新挑战或新任务的时候，他们就会再次习惯性地退缩或逃避。一个恶性循环就此产生，越是胆小怕事，越不敢接受新任务，越是不敢接受新挑战，越是失败。

因此，正确地归纳失败的原因对怯懦者而言非常重要。它将直接影响到他们对自己的认识，影响到他们今后做其他事情的态度，如若不慎，他们会不断地否定自己，让自信心遭受毁灭性打击。

相反，倘若你能对失败进行积极地归因，即比较客观地归因，情况将大为不同。以考试结果不理想为例，在结果出来之后，请不要灰心丧气，要冷静客观地分析自己出现了哪些错误，为什么错了。如果是因为自己掌握的知识不够全面，下次将那些漏洞弥补起来就可以了。如果确确实实是自己已经非常努力了，却没能回答上来那些问题，也不要就此认定自己很笨。“我很笨”这个标签非常沉重，一旦贴上，你就会感受到一种无形的压力，致使你的勇气和创造能力完全被压抑。确实是技不如人的话，不妨向那些优秀者请教，他们会为你提供解题的思路和方法。

更重要的是，你可以从优秀者身上学习到他们独到的学习和做事的方法。不可否认，确实有一部分人比我们聪明一些，但我们也没必要因此而自卑。因为研究已经表明，我们绝大多数人的智力都是差不多的，属于一般水平。更何况勤能补拙，我们可以选择笨鸟先飞。

>> 扩大自己的社交范围

怯懦的人总是因为胆怯而不敢与他人交往，别说交往了，有时候就连基本的对话都显得十分困难。正因如此，这些人局限于很小的朋友圈子中，变得越来越孤僻。他们不愿与他人交往并非自恃清高，恰恰相反，他们的内心非常渴望与他人建立友谊，只不过他们自认为不够可爱，不受欢迎，别人不愿意与自己交往。结果，这种消极的自我暗示，慢慢地便成了一种稳定的认识，致使他们无法积极行动，有意无意地表现得让人很难接近，更无法与他人建立友好的关系。

要解决这个问题，怯懦的人应该积极起来，改变自己的负面想法，坦诚地与他人交谈。渐渐地，你就会被他人接受，自信也随之产生。

>> 注重我们的身体语言

我们所讲的语言是指可以向他人传达信息的方式，身体姿态、动作、表情同样也是语言的一种。胆怯的人往往不好意思与人说话，与人面对面时，也常常不敢看对方的眼睛。因此，他们给人的印象通常是冷淡的、闪烁其词的。出现这种现象的根本在于，胆怯者用自己的身体语言向他人传递了不良的信息，即我胆怯、我害怕、我不安。而与之对话的人往往会将胆怯者的身体语言理解为冷淡、自负，从而对他们敬而远之。这使怯懦者更加感觉惶恐不安。

事实上，胆怯者并非不愿意与他人打招呼或说话，他们的身体语言所真实表达的也不是没礼貌或者冷淡，只不过因为他们害怕自己说出不合适的话。

美国心理学家阿瑟沃默斯通过多年的研究发现，只要我们能适度调整身体语言，就会产生令人吃惊的效果。面带微笑、身体前倾、友善性的握手、眼睛对视，这些简单的动作就可以使我们的外在形象变得亲切、随和。这样做，足以使我们收到友好的回报，同时你也会发觉，与陌生人打交道不再是一件可怕的事情。

当然，要想变得真正的自信和勇敢，需要我们长期不懈地努力，耐心是必不可少的。无论如何，一定记得要多去尝试新的领域，迎接新的挑战，只要不断地积累成功的体验，我们就能真正地自信、乐观起来。

>> 如何让内心保持淡定

其实人的心态很大程度上取决于性格与得失心。如果我们太急功近利，抑或是太过执着，心态是很难平静下来的。

在这种情况下，练练瑜伽、听听音乐是不错的选择。这样不仅可以使你放松心境，同时也能让你慢慢领悟到：万事皆有因与果。看得开了，心情自然就平静了。

你也可以从改变一些生活细节开始。

延迟我们“发怒”的时间

当你想生气时，不妨为自己设置一个延迟爆炸的“引信”。在每次要发火时，默念五个数再开口。

急于求成的性格的形成常常与成长的环境有关。很多人从小到大生活在一个相对急躁的环境里，身边的亲人、朋友大多是这种性格，个体便潜移默化地接受并继承了这种性格。

我们没有资格要求他人改变，也没有能力去改变他人。唯一能做的便是改变自己。当我们变得着急冲动时，尽量留给自己几分钟的冷静时间，想一下冲动的后果，再去决定是否要将心里的怒火发泄出来。

如果没有缓冲的时间，等到冲动过后再后悔，则为时已晚。如果他人先跟我们急，不要顺着他的情绪走，而要给他充足的发火的时间，相信很快他便会对自己的行为感到后悔。

避免好大喜功

中国有两句古话，一句是“欲速则不达”，另一句是“功到自然成”。想要改变自己好大喜功、爱出风头的个性的话，就要记住这两句话，不要在自己还在努力奋斗的时候想结果。总想着结果的话，现实的路会更难走，尤其当你感觉到自己距离结果的距离过于遥远时，非常容易失去耐心。

发现并明确你的目标

做事缺乏明确目标的话，一定会在做事的过程中偏离轨道，随着时间的推移，你会发现自己距离目标越来越远，进而失去耐心。因此，做任何事情时，目标一定要明确，计划一定要周全。盲目行事的话，就不会有持久性。

不要把时间浪费于上网和看电视

长时间看电视或上网的话，你会变得冲动、急躁。这并非信口胡言，而是有严密的科学依据的。因此，我们每个人都必须合理安排自己上网和看电视的时间。避免长时间将精力投注在电视或网络上。

隐忍力的训练需要循序渐进的过程，我们不可能简单地做完以上训练就完成能力的提升，只有不断地矫正自己的信念、习惯，才可能成为具备深度隐忍能力的人。

Part 6

懂得规划，控制全局

那些富有理想的人，他们在面临重大的人生抉择时，总是会将目光拉长，超越眼前的障碍，看到远方无限广阔的天地，想象到将来的美好前景。再根据自己的兴趣、个人的资源，以及人生理想去做出一份详细的计划，而并不会为了一时的利益，匆忙做出一个短视的决定。

>>> 眼界决定你的未来

在成长的过程中，只顾着攫取眼前短暂的利益是不行的。你需要规划和经营，并且要把目标和眼光放得长远一些。实际上，你所能达到的人生的最终高度，并不取决于力气和能力，而取决于你的眼光和视野。

“眼睛看得到的地方，就是你的终点。”

有三个要被关进监狱三年的犯人，监狱长告诉他们，每人可以提出一个愿望，他会满足他们。美国人一心想着抽雪茄，简直都想疯了，他要了三箱雪茄。俄罗斯人没有酒活不下去，就要了三十箱伏特加。犹太人的愿望则是要一部与外界沟通的电话。

三年后，美国人率先冲出来，他已抽完所有的雪茄，看上去憔悴不堪。紧接着，俄罗斯人也病恹恹地走出来了，由于饮酒过量，他显然患了某种疾病。犹太人最后才走出来，他紧紧握住监狱长的手说："谢谢您。您为我提供的电话，让我每天都可以与外界联系。三年以来，我通过电话不断获得自己所需要的信息，结果我的生意非但没有荒废，反而有了新的发展。我送您一辆劳斯莱斯轿车，以此表达我的谢意！"

这个小故事给我们最直接的启示是，投资要有长远的眼光。其实，不只是投资，站在人生的角度讲，长远的眼光和目标也是成功的重要条件之一。根据我的个人经验，善于隐忍的人，无不具备长远的眼光。

我有两个学习建筑的朋友。其中一位真的非常喜欢建筑，为了掌握先进的建筑理念，他去了美国，到华盛顿大学去学建筑。事实上，他清楚地知道在美国学建筑没有太大前途。原因很简单，美国的房子已经盖完了。

在国内的时候，他就想得清清楚楚了，自己去美国学建筑，不是为了留在美国，而是为了以后回到中国来工作。在他眼里，中国的房地产，从民居到商业建筑，都处于蓬勃发展的阶段。三年之后，他学成回国，果然成了国内知名的建筑师，年薪超过百万，事业非常成功。像他这样的成功者，我见过不少。不过，我见得更多的是像我另一个朋友那样的人。他跟前一个朋友一样，也是学建筑的。虽然他也很喜欢建筑行业，但是，他学习建筑却是为了留在美国。

第二个朋友顺利到达美国之后，发现学习建筑一点前途都没有，因为想要留在美国，学建筑的很难找到合适的工作。当时的美国，正处于计算机学习热的阶段。因为学习建筑也刚好需要学计算机，于是这个朋友改学了计算机专业。他想，学习计算机两年之后，至少可以找到一个年薪超过五万美元的工作，那样的话，在美国也算小康生活了。朋友学得异常认真，结果也还不错，然而他毕竟是半路出家，跟那些一开始就选择计算机专业的人相比，还是有较大的差距。

朋友毕业之后，美国计算机行业的经济泡沫刚好崩溃。很多计算机专业的学生找不到工作，更何况他这个半路出家学计算机的。毕业后，他一直找不到合适的工作，为了实现自己留在美国的梦想，他只能靠在饭馆打工来维持自己的生活。

两人同样是学建筑的，就是因为眼光的不同，造成了巨大的差距。前一个朋友，把目标定位于回中国来造好房子，后一个只是为了留在美国，过上优越的生活。结果呢，前者成了百万富翁，开奔驰宝马；而后者仅能维持生存，连二手汽车都买不起。

有的人会说，其实第二个朋友只是运气不好罢了。假设他运气好一点，计算机行业很热的话，他很可能顺利地找到一份年薪六七万美元的工作，那也算是不错的成就了。

我不否认这一点。倘若我第二个朋友真心热爱计算机专业，并且在打工的日子里仍然坚持学习，为以后找到六七万美元的计算机方面的工作不断努力，我也会佩服他并相信他一定能实现自己的梦想。然而，我对这个朋友十分了解，他真心喜欢的是建筑，并非计算机。在美国期间，我们曾一起探讨过，他告诉我自己非常期望重新回去学建筑。然而现实已经变得不可能，理由很简单，他的建筑知识已经荒废，他已经成了一个建筑领域的落后分子了。

与第一个朋友相比，他在目标设置上有太多的临时性。这位朋友只是为了留在美国而努力，他学习计算机只是为了找到一份合适的工作，而并非打算真正地终生为计算机事业而奋斗。第一个朋友眼光长远，他的人生目标就是为建筑事业而奋斗，为中国人建造美好的住房。眼光长远与否，造成了他们生活境界的不同和现实境遇的天壤之别。

那些富有理想的人，他们在面临重大的人生抉择时，总是会将目光拉长，超越眼前的障碍，看到远方无限广阔的天地，想象到将来的美好前景。再根据自己的兴趣、个人的资源，以及人生理想去做出一份详细的计划，而并不会为了一时的利益，匆忙做出一个短视的决定。

>>> 头脑、心灵和钱包

联想总裁柳传志最令人钦佩的地方在于，他总是能用一种哲学观点解决现实问题。柳传志先生有一个非常著名的“拐大弯”理论——“看准目标，然后拐大弯，不要临时拐急弯，拐急弯容易熄火。为了达到预定目标，要把最坏的情况想清楚，这样才可能达到总目标。”

每个隐忍者都必须具备这个思维。我们处在一个快速变革的时代，直线快速地前进，似乎才能尽早成功。然而，简简单单地瞄准目标，直线前进，并非总能顺利抵达成功的彼岸。很多现实的壁垒横亘在成功路上，幻想着一下子就实现梦想是不现实的。为了实现目标，在遇到困难时，急着转弯难免遭受重创。提前做好准备，拐大弯绕过去，才是明智之举。

在柳传志领导联想公司的历程中，多次体现了“拐大弯”的思维，尤其在产权改革这件事上表现得最为明显。

早在1987年，柳传志就产生了产权改革的设想。当时曾有工作组到中关村选择股份制改造的试点企业，然而柳传志认为当时的时机并不成熟，所以没有参与。1993年，与联想成立背景相似的四通集团在段永基的设计下，开启了股份制改造。柳传志认定正确的时机到来了，他向时任中国科学院院长的周光召提出“员工持股”的要求。周院长明确支持联想公司进行股份制改造。

周光召的支持并没有使联想完成股份制改造。当时的联想公司隶属于中科院，不是由国有资产管理局管辖。因此，柳传志股权改革的想法落空了。尽管如此，联想在这件事上也取得不错的进展。周光召认为柳传志他们为联想付出了很多，因而给了他们分红的权利。当时，联想职工持股会获得了公司35%的分红权，这意味着联想的产权改革迈出了第一步。

1997年，联想集团进行南北整合时，柳传志表示在集团进行整合之后，大股东要完成三件事。第一，在香港上市的是中国联想，一切运作均由中国联想完成。中国联想所赚取的利润，应该按照股份上缴给大股东，由大股东支配这笔钱。第二，北京联想要将较好的业务卖给中国联想，以此来增加大股东所持股份。第三，大股东要设立董事会。按照柳传志的设想，一旦完成了股份制改革，大股东北京联想的股权结构是，科学院占20%，计算机所占45%，员工占35%。这就意味着，柳传志为产权改革做好了架构设计。

然而，这一架构设计依然没有在当年成为现实。直到四年之后的2001年，联想成为股份制改造的试点单位，由财政部、科技部、北京市政府牵头进行改造。经过各方面的评估，联想集团当时的净资产在打七折后约为四亿到五亿元，而因为近七年来联想员工所享有的分红一直没有动用，这笔钱顺理成章地成为柳传志买下35%实实在在的股权的资本。柳传志顺利买下股权之后，联想集团的股份制改造也顺利完成。

细致分析联想的股权改造之路，我们发现柳传志成功地拐了一个大弯。尽管花费了很长时间，但在这期间，他一直坚持朝股权改革的方向努力。面对不能改变的现实，柳传志没有选择用硬碰硬的方式去解决，而是选择了暂时的回避，一步接一步地精心准备，最终顺利实现了产权改革的目标。正因为柳传志做好了拐大弯的准备，才使得产权改革最终得以按照他自己的设想顺利完成。

与联想形成鲜明对比的是其他一些企业家，在产权改革的浪潮中，没有做好拐大弯的准备，而是强来硬做，紧急关头猛转弯，最终难免失败。这样的例子有很多，比如科龙的潘宁、健力宝的李经纬和伊利的郑俊怀等，都在产权改革上栽了跟头。潘宁黯然远走加拿大，而李经纬与郑俊怀则锒铛入狱。其他企业，如海尔、长虹、海信等，也因为没有拐大弯的思维，其企业的改制方案曾先后被叫停，发展一度中断。

具备拐弯的思维，意味着我们要为实现自己的目标做足准备。机会没有降临的时候，在每一个环节上向目标靠近，最终绕过困境，实现梦想。特别是对于身在职场的人来说，让自己学习并具备拐弯的思维，更富有现实意义。

每个人刚开始参加工作时，阅历不够，经验也不足，难免出现选择的职业并不适合自己的状况。发现自己不适合现有的工作岗位时，应该怎么办？

通用电气CEO伊梅尔特曾说过，一个好的工作应该“appeal to the head，appeal to the heart，appeal to the wallet（同时吸引头脑、心灵和钱包）”。亚洲网通的总裁张潇清用行动证明了自己十分欣赏这句话。

张潇清的第一份工作是在一个机关当翻译。在很多人看来，这是一个不错的职位。然而，张潇清不喜欢机关的工作，她不愿意一辈子只做一个翻译，因此，她想尽一切方法离开这个职位。她选择了“急转弯”，直接跳槽，顺利获得了瑞士联合银行北京代表处首席代表助理的职位。

上班第一天，张潇清就开始拜访客户。她的这一举动引起了老板的不满，老板要求她做一个给自己安排日程的秘书与助理，而并非想让她成为一个能干的业务经理。

遇到这种情况，你该如何选择？张潇清的做法是在遵循公司规定的前提下，暗中努力——她照样做她的助理工作，努力去成为一个完美的秘书，同时也默默观察他人如何做业务，并且购买了大量的相关书籍。当时，她在国贸上班。一天吃午饭时，她偶然发现大楼的第八层有一家公司在招人。于是，她吃过饭以后就去了那家公司应聘。面试之后不到两个小时，那家公司就给她打来电话，录用她做秘书。但张潇清不干，她坚持要担任助理经理。最终，这家公司看重张潇清的业务能力，答应了她的要求。这家公司就是AT&T中国公司。张潇清的人生就此达到了一个新高度。

张潇清的成功之处在于，她一面做着自己不喜欢的工作，一面为理想的新工作做着充分的准备。她知道自己没有立即找到理想工作的可能，于是一面积累，一面寻找机会，等到机会成熟的时候，立刻采取行动，抓住机遇。也就是说，为实现找到理想工作的大目标，她没有选择“急转弯”，而是做足准备后“拐大弯”。这充分说明，张潇清是一个具备拐大弯思维的人，是一个典型的隐忍者。

缺乏拐弯思维的人，通常不能为将来做好准备，而是一味地留恋眼前的小机遇，这就决定了他们不能取得真正的成功。在当前的形势下，我经常看到很多年轻人频繁跳槽，他们甚至一年之内换好几份工作。频繁地跳槽，正说明他们缺乏拐大弯的思维，不能围绕着一个核心目标，持续地做准备。这些人看似有着丰富的工作经历，实际上工作经验流于表面，在任何一家公司里都没有得到核心的积累。

在这个竞争日趋激烈的社会里，抱着老老实实的心态做一个等闲之辈，是没出息的。一辈子给别人打工，不可能做出太大的事业。因为，人生成功与否，并非在比拼工龄的长短。即便一个人做到打工皇帝的级别，也不意味着一生高枕无忧。然而，拥有不甘于平凡的精神，并非要求我们不断闯荡，频繁地变动工作。优秀的职场人士，都是真正的隐忍者，他们永远先做好分内的事情，然后不断积累经验，为找到更好的平台做着准备。这样，当机会来临时，他们才能顺利抓住机遇，而不会因迅猛转弯而跌倒。

>>> 输和赢的计算方式

一个人赢得了一时，并不意味着他就能赢得一世。输和赢的计算有许多种方式，有时角度不同，得出的结果也不一样。

许多人可能已经发现了，在很多时候，输了结果却赢了过程；反之亦然，赢了结果却输掉了过程，总是无法十全十美。

赢和输其实就是一场思考角度的博弈，每个人有自己独特的计算方式，计算的关键在于你的心态。其实，有的时候只要不输，就代表着一种胜利。

人生的输与赢永远是对立的，同时也是辩证的，两者都是变量，此消彼长。正因如此，人生的大赢家们通常不会将目光盯在一时一地的小得失上。他们以大气魄看待世界，并踏踏实实做好每一件小事。这些人知道，与其计较一时的输赢，不如认真地生活，精彩地活在当下，这样人生输赢的大局便尽在掌握之中。笃定从容，踏实认真，是他们的生活态度。其实，当你低头弯腰，埋首于眼下的事情时，一时的输赢变得不再重要，你正在通往人生赢家的路上。

在自然界，我们惊奇地发现，狼是草原上的王者，它们总是赢，很少输。原因何在？狼的取胜之道并非靠蛮力。狼称得上是最有自知之明的动物，在每次狩猎之前，它们都会细致地观察对手，进行精心的谋划。这种动物会在掌握猎物的行踪、了解地形地貌的基础上，充分衡量敌我双方的实力，最后做出出击与否的决定。在全面的衡量之后，再准确地做出判断，这是它们取胜的基础。

也就是说，狼不会计较一时的得失，而更在乎全局的输赢。它们计算输赢的方式，就是我们要学习的。

没有全面思考问题的能力，在人生的棋局里就会陷入进退两难的境地。尽管很多人认为自己在思考问题时已经够全面了，事实上则不然。

我们很多时候没有办法取得成功，失败的原因不在于我们缺乏创立一番事业的能力，而是因为对缺乏对全局的通盘思考，没有独立且全面的思维方式，无法做出有效的判断。

缺乏独立思考能力的人，会逐渐失去自主自立的能力。在无法做出判断的前提下，这些人即使遇到任何一点微不足道的事情，也会四处征求意见，而没有自己的主见。当然，结果就是越跟他人商量，越拿不定主意，更加不知所措，一片茫然。

人生的输赢，就在于我们的思维与心态。当我们接受一项工作任务时，如果能调整心态，像狼一样做一个全盘的思考，再做判断，并制订出一个可行的计划，输赢则尽在掌握。

>>> 永远不要高估了自己

现在我问你一个问题："你会开车吗？"

如果会，是否感觉自己的开车技术比一般人强呢？我想，你的答案很可能是肯定的。我也会开车，我也是这么认为的。

每个——或者说至少每个——汽车司机都感觉自己的开车技术很棒，至少比一般人强得多。不只如此，绝大多数人，特别是男人，都认定自己的认知能力和魅力出众。领导能力也容易被自己高估。调查显示，超过94%的大学教授认为自己的教学水平高于其他教授。

这是一个令人惊讶的事实。

几乎每个人都会高估自己，对自己能力做出过于乐观的判断。为什么会这样？这是一种心理表现形式。人在未认清周围环境的情况下，通常会因为一种害怕被过早否定的条件反射形成过于肯定自我的心理状态。高估并非是以自我为中心的形态意识的集中体现，它还是有别于自负或自傲的。高估自己说明我们每个人都缺乏恰当地运用客观因素去判断自身的能力。

我以前的秘书赛琳娜就是一个容易高估自己的女孩。

她总是说："哎呀，若我来做的话，结果肯定比这好。"

她在说这句话时，根本没有认真分析过工作的困难程度，而是迅速做出比较。

赛琳娜："你怎么老是把这么简单的问题都处理得那么差劲呢？"

她没有设身处地为他人考虑出问题的根源，而是武断地认定问题的根源是他人的能力不足。

赛琳娜：“虽然我没有学这个专业，但是我做得远比这个专业毕业的学生出色。”

她没有尊重他人的专业成果，而是武断地认定自己做得比专业的人还要好，这同样是没有根据的自我高估。如果她说自己在某些方面做得比专业人士出色，我们反倒容易相信。

回想一下自己是否经常在生活或者工作中，说出类似的话呢？我们经常高估自己的能力，无形中低估他人的能力。

正是时常高估自己，致使我们迟迟无法成功。我们都知道，成功是每个人心中向往的目标，但是真正的结果千差万别，原因就在这里。

汤姆和杰利同时在同一个城市里寻找工作。一天，一家公司向他们俩发去了应聘书，请他们去做基层员工。两人都异常失望，汤姆尤甚，他感觉自己去做基层员工实在太屈才了，于是果断地放弃了这个机会，继续寻找工作。杰利虽然苦恼，但他接受了这份工作，并且踏踏实实地在这个岗位上做了下去。十年过去了，汤姆换过很多工作，依然没有找到心目中理想的工作。杰利已经从一名基层员工做到了那家公司的总裁。

杰利的出色在于，他没有高估自己，一切从零开始，一步一个脚印地工作。伴随着他的付出，他一步一步获得了事业上的成功。而汤姆与当今很多年轻人一样，坚信自己的能力很强，不正视现实，期待找到捷径，能够一步到位取得成功，结果却不尽如人意。

高估自己还会给我们带来巨大的心理压力。

一份针对企业家心理压力的调查报告显示，居然有超过80%的企业家感觉“压力过大，自己肩上的担子过重”。巨大的压力，特别是重大的社会责任，让他们感觉力不从心。有超过一半的企业家，每天工作时间都超过十二小时。

我经常听到企业家们感慨：一旦选择了创业，生命就别想安宁，压力、竞争、劳累和焦虑将与你一生结伴而行。

为什么会产生这种心态，将自己搞得身心俱疲呢？答案还是高估自己。企业家们的期望值很高，特别是在公众面前，他们无法保持一颗平常心。削减压力的办法其实很简单，降低自己的期望值就可以了。不再高估自己，会大大减少内心对外界环境产生的对抗性。

你不仅要理性地接受客观现实，而且要能平和地承认面临的事实。没有对不利环境的报复性情绪，也没有与环境对峙带来的压力，而只是专心地做好每一件小事，向着成功进发。

Part 7

成大事者不拘小节

在我们每天需要完成的事务中，只有很少一部分是打开成功之门的钥匙。为此，我们有必要学会“舍得”，坚决舍弃不重要的事务，得到更多的有效时间，然后最大化地将时间和精力用在那些“钥匙”上。

>>> 分清重要和次要问题

>> 先做你觉得最重要的事情

为了实现设定好的目标，我们通常会给自己制订一份明确详细的计划。然而，当你按照计划来做事时，有时也会发现结果不尽如人意，设想的美好愿景并不会如愿地变成现实的结果。特别是到最后我们往往会发现，那些真正要做的事情并没有完成，很多无关紧要的事情却排在最前面，被优先处理。

我们并不缺乏行动的力量，却总是不能很好地完成自己的计划：行程表排得满满的，忙得焦头烂额，到最后却发现一件有意义的事情都没做。这是为什么呢？很简单，大多数人忽略了一个至关重要的环节——时间管理。时间管理并非只是简单地给每一个时间段分配任务，而是要区分出事情的轻重缓急，即永远先做最重要的事情。

现在，你不妨检查一下自己的日程表。首先，让我们整理一下一天要完成的任务，将它们全部写到一张纸上。然后，按照轻重缓急分类，大致可以分成A、B、C、D四类。

A是重要且紧急的事情。为即将到来的考试而复习，明天需要向老总交调查报告，等等。

B是重要而不紧急的事情。学习一门外语，提升自己的交际能力，等等。

C是不重要但紧急的事情。接待客人，紧急处理公司的某件杂务，等等。

D是不重要且不紧急的事情。上网看电视剧，读一本小说，看看报纸，等等。

如果我们能在每件自己要做的事情后面标明相应的ABCD分类的话，事情的轻重缓急就一清二楚了。

标明之后该怎样去做呢？很多人都会把A作为每天奋斗的目标，这并非最合理的做法。这样做并不会真正地提升你的效率，相反，每天处于压力之下，你的效率反而会很低。

而真正高效率的学习者通常将注意力投注在B类事情上，即他们专注于做重要但不紧急的事情。这样可以使你付出20%的精力后，收获80%的成果。著名的80/20法则，就是这个意思。

面对ABCD四类事情，我们应该如何分配时间？假设我有十个小时的自由时间，我将花费绝大部分的时间去完成B类事情，并且保证每一件B类事情都做得相当优异。而后，再去考虑完成A类事情，因为在完成B类事情后，做A类事情的效率也相应提高了。一旦完成了A、B两类事情，我们所有的任务就已完成了80%了，剩下的时间你可以自由自在地去完成C、D类的事情。那些没有掌握时间管理精髓的人，忙活一整天却只完成了30%到60%的工作。而你在掌握时间管理诀窍之后，每天比别人多完成30%。一年之后，你们之间的差距无疑将是巨大的。

什么是效率？这就是效率！著名的80/20法则表明，无论我们有多少事情正待处理，你一定要先解决最重要的和迫切需要你马上“摆脱”掉的烦恼。

坚持每天做最重要的事情，这是我们超越别人的关键。如果每天你都能按照这样的程式进行，你会发现事情变得越来越顺利，身体和心灵都变得轻松起来。

>> 追求事情的含金量而非形式

我们几乎每天都在忙碌。工作日程表上的记录密密麻麻，你有没有想过这些工作到底有多少“含金量”？你所付出的时间，得到相应的回报了吗？如果你没有思考过的话，请先好好思考一下。

呆板地恪守职责是不明智的，因为不是每一个任务都值得自己花费大量的精力去执行。所有的事情都有轻重缓急之分，若我们不能有效区分的话，就很可能被不重要的事情占用过多的时间和精力，真正重要的事情反而被忽视或者草草了事。所以，我们须学会沙里淘金，并正确对待自己的“金子”。

著名的效率研究专家艾伊贝李，应美国史卡鲁钢铁公司的总裁查鲁斯的请求，去他们公司给他讲解如何有效地执行计划。艾伊贝李见到查鲁斯之后，什么也没有说，只是递给他一张白纸，并要求对方在上面写出第二天计划完成的最重要的六件事。查鲁斯总裁很快便完成了这个任务，他确实每天都需要完成很多事情，写六件事太简单了。

艾伊贝李接着对他说：“现在请你将这六件事按照重要的程度排好顺序。”查鲁斯五分钟后就完成了艾伊贝李的要求。艾伊贝李继续指导道：“好了，请你将它放进口袋里，明天一早把纸条拿出来，按照纸条上注明的，先把最重要的那件事完成，不管其他的事，直至最重要的那件事完成为止。然后依此类推。倘若你只能完成第一件事的话，也没什么大不了的。你必须每一天都要坚持这样做，当然你也要要求员工们这样做。”

一个月后，艾伊贝李收到了一封查鲁斯先生发来的信，以及一张两万五千美元的支票。信中写道，那是他一生中最有价值的一堂课。五年后，这个不知名的小厂，一跃成为当时世界上最大的独立钢铁厂。

在我们每天需要完成的事务中，只有很少一部分是打开成功之门的钥匙。为此，我们有必要学会“舍得”，坚决舍弃不重要的事务，得到更多的有效时间，然后最大化地将时间和精力用在那些“钥匙”上。需要注意的是，紧急的事并不等于重要的事。准确把握自己的目标，明确自己真正需要的是什么，才可以正确地抓住核心，将日常事务分门别类地处理好。

盲目地忙碌不会有什么好的效果。只有把精力用在关键地方，将一天的时间尽可能地优化，用80%的时间去完成重要的事务，用20%的时间处理不重要的其他事务，如此日积月累，才能取得优异的成果。如果一天之内不能完成所有的任务，那么尽量将不重要的事务拖到第二天去解决，甚至也可以将低“含金量”的事务直接放进“回收站”，直接舍弃。

如何判断事务的“含金量”高低呢？根据我的个人经验，低“含金量”的事务通常有以下几种：

1. 为他人做的事。一般而言，为他人做的事，对自己来说“含金量”不是很高。如果我们总是为他人做低价值的事情，自己的高价值的事务就不免被耽搁。有朋友请我们帮他完成一件无足轻重的事情，而即便再小的事，也会分散我们的精力，浪费我们的时间。更重要的是，我们还有其他重要的事务正待解决。但是，我们通常认为朋友委托的事是重要的，它代表朋友对自己的信任，不便推辞。其实，这种事对我们来说没有什么价值。如果我们有充足的精力和时间去完成它，或者这件事对我们而言只是举手之劳，帮个忙也无所谓。但是，如果我们已经忙得不可开交，就不要去接手这个“帮忙的任务”。因为一旦完不成，我们不但会失去朋友对自己的信任，还会耽搁那些重要且亟待解决的事情。

2. 自己不擅长的事。通常这类事的含金量也不高。做自己不擅长的事如逆水行舟，不但耗时费力，而且还不容易取得显著的成果。很多时候，当老板交代下来一项我们并不擅长的事务时，我们想当然地认定它代表了老板对自己的器重，下决心努力去完成。

80/20法则认为：专业性的工作要交由专业人士去做。做自己不擅长的事，会让我们损失很多。一方面，我们自己的本职工作被耽误了，在指定的时间内无法完成规定的任务，可能受到老板的批评；另一方面，当自己不擅长的事完成得不到位时，我们还要为此承担后果。

3. 千篇一律的例行公事。当所有的员工都排着队到会计那里核对工资时，一般情况下，会计会在旁边不厌其烦地讲解扣费款项。会计的行为，就是工作中千篇一律的例行公事。我们认为这样做是会计的义务，会计有义务在发放工资时，给员工们一个明确的说法。80/20法则认为：会计的这种做法无疑浪费了每一位员工的时间。与其为每个员工逐一讲解，远不如向他们统一发送电子邮件，将公司的奖罚制度以及每个人的工资发放情况解释清楚。

4. 别人不感兴趣的事。坚持做他人不感兴趣的事情，对我们自身和其他人来说，都是浪费时间的行为。这样的事情很多，比如公司规定每天开始工作前，由员工轮流分享一些读书心得，然而大家对此毫无兴趣，只是走走过场而已。我们认定，这种事是有意义的，又是公司的规定，理应坚持下去。80/20法则认为：坚持所有人都不感兴趣的事情，不会带来任何收益，这种类型的事务可以直接放弃。

5. 枯燥乏味且耗时很长的事。参加那些与自己的职责范围不着边且十分冗长的会议，就是典型的枯燥乏味的事情。我们通常认为：参加会议可以关注公司的发展动态，虽与自己的岗位无关，也有听下去的必要。80/20法则认为：解决重要的事，才是正道。参加会议有时候只是一种礼貌，在冗长的会议上集中全部精力汲取其中有价值的信息并非明智之举。面对这样的事情，不妨在会议上开个小差，着手处理一些重要的事情，不过一定要低调。一般而言，我们无法在耗时很长的事情上获得理想的收益。

6. 时间成本过高的事情。倘若做一件事花费的时间远远超出自己的预计，而且仍然毫无实质性的进展，这件事的时间成本就过高了。比如，在考试的时候花费大量的时间解决其中一道难题，却没有计算出结果，还耽误了其他部分的答题。既然已经投入了很长时间，放弃了实在可惜，这是我们通常的看法。80/20法则认为：如果花费的时间远远超过自己的预计，这件事的“成本”就过高，即便成功，我们也无法得到理想的收益。尽早放弃，才是明智的选择。

>>> 远离喜欢斤斤计较的人

有三个和尚，他们从井里打来一桶水，之后颤巍巍地抬着三个把手的架子回寺。不想，半路上遇到了一座桥，只能够让两个人同时通过，他们互不相让，斤斤计较，谁也不想吃亏，干脆坐了下来争执，这样谁也过不了桥。为了不让自己吃亏，竟然把一个过桥的小问题演变成了一个大问题。

这个小故事虽然略显夸张，但也反映了部分现实。如果每一个人都斤斤计较的话，事情就会被弄得一团糟。

生活中就有这样的一些人，他们与他人相处时，吃不得半点亏，更受不了半点气。利益稍被侵犯，他们便表现出雷霆万钧的愤怒。

隐忍者会选择远离这样的人。包容和气度才能构成吸引力和凝聚力，跟斤斤计较的人在一起，难免失去忍耐性，从而无法顺利地做事，破坏本该正常的合作氛围。

不管是在工作还是生活中，我们经常都会遇到一些精明过头的人。他们斤斤计较于得失利弊，为了芝麻大小的利益不惜与同事撕破脸皮，不能吃一点小亏。而他们看起来似乎也因此获得了一些利益。比如，公司给所有的员工发放一批福利用品，最后剩下一件，一个“精明”的职员笑呵呵地捡起它，以它有瑕疵的借口将其据为己有，其他人也不好反驳，只好由他拿去。或者，上司分给部门一个临时任务，某位精明的员工看出任务十分麻烦，便借故推给其他同事。类似的精明，表面上看起来似乎占了便宜，实际上却使自己的形象受损，破坏了人际关系。

在与同事相处的过程中，最忌讳的就是过于较真，凡事爱斤斤计较。倘若我们在与同事相处时，能时时抱着宽容他人的态度，那么良好的同事关系就会建立起来，更不会出现难以化解的是非恩怨。

职场中人有着不同的生活经历、不同的兴趣爱好、不同的文化背景和性格，各种不同混合在一起，便自然而然形成了不同的群体。如何在这样的环境里营造和谐的人际关系，于每一个人而言，都是相当困难的，却也是不容回避的。

如果你非要斤斤计较，随便挑也能找到四五件让自己生气的事情。比如他人在背后说自己的坏话，同事犯错牵连到自己，等等。面对这些事情，有的人不会即时发作，只会暗中记下，伺机报复。

然而，这种睚眦必报的心理，非但不能解决实质性的问题，反而会影响自己的情绪，降低工作效率。

在这个问题上，有一部分人处理得非常出色，有些人则处理得极为差劲。于是，我们经常可以看到，某些人在职场上深受欢迎，如鱼得水；而有些人则四面树敌，难以融入集体。为什么会这样呢？

原因多种多样，最关键的一点就是，为人处世的原则不同，造就了不同的人际关系。某些员工在与同事相处中，“利”字当头，不想吃一点亏，只想占尽所有的便宜，他们拈轻怕重，不断踩着别人的肩膀向上爬，对待自己和他人使用双重标准。期待着这样的人能招人喜欢，拥有和谐的同事关系，简直比登天还难！

如果我们能够与人为善，做到严格要求自己，以宽广的胸怀对待他人，积极跟同事配合，不计较个人的利益得失的话，处处受到同事的欢迎则是理所当然的。

因此，“宽以待人，胸怀大度”的原则是我们与同事和谐相处的根本。本着这个原则，尽量不要与同事计较琐碎的利益，将目光放长远，做到宽容大度，这样就能营造出良好的工作氛围，也为自己施展才能打下稳定的基础。

>> 吃点小亏未必就是坏事

有的人与同事关系不好的一个最重要原因，就是过于计较自身的利益，同时不在乎他人的利益。这种自私的行为无疑会激起他人的反感。蝇头小利未必能带给你很多的好处，反而会使我们身心俱疲，破坏良好的人际关系，实在是得不偿失。忽略那些细小且不大影响自己前程的好处，多多谦让，你的豁达无疑会赢得他人的好感。

吃点小亏，适当“让利”，多为他人做一些力所能及的事，不仅可以展现我们的能力，也会加深与同事的感情。善意的给予，至少不会给自己带来伤害。俗话说得好，将欲取之，必先予之。这是一种高明的处事智慧。

人不可能一辈子都吃亏，也不可能从来不吃亏。以理性的态度看待吃亏，才能帮你走出人际关系的迷雾。

人与人之间的往来，无法做到绝对公平，有人占到了一点便宜，就必然有人要吃亏。如果人们强求世上任何事物都公平合理，就连生物链也无法维系。鸟儿要吃虫子，虫子要吃树叶，世界是一个均衡循环的存在，维护着万物各自的利益。

既然吃亏在所难免，那又何必去折磨自己呢？

人与人之间总是有着很大的区别。他人的境遇好过你的，无论怎样抱怨也不能改变这个现实。最智慧的态度莫过于避免与人比较。最重要的是将注意力放在自己身上，通过提升自我来努力追赶对方。

如果我们能以这种宽容的姿态去看待所谓的“吃小亏”，自然会为自己营造一种好的心态，以更积极正面的态度去处理与他人的利益纷争。

>> 认清并坚持你的价值观

面对同样的事情，两个人却有不同的看法，做出不同的选择。为什么？两个人的价值观不同，在乎的事情也不同，不同的价值观指引着他们不同的人生。

美国教育家路易斯·拉思斯先生同他的助手们一起，提出了一个价值澄清模式。他认为选择、珍视、行动三个阶段组成了人的价值观形成过程，每一个人都可以通过一个价值观形成过程来获取自己的价值观。路易斯·拉思斯认为，价值观模式的核心观点就是“你最在乎的是什么？”问题的答案就是你的价值观所在。

你不妨问下自己：“我最在乎的是什么？”这个答案通常会左右你的思想和行动，并成为你始终遵循的行为准则。

我们每个人都有自己的价值观，它指引着我们判断是非黑白，追求想要的东西。每个人的信念中都有一套价值体系，它们就相当于电脑的执行系统，你可以输入任何数据，但电脑是否接受或运行，最终取决于执行系统是否预先设定了相关的程序。从这个比喻中，我们可以看出，价值观几乎决定了我们的一切行为。我们遇到过棘手的情况，迟迟不能下定决心的原因是什么？是因为我们不知道在这种情况下，最重要的价值是什么。

>> 了解自我的内心渴求

你了解自己内心的渴求吗？如果你不知道该如何回答这个问题，那么不妨这样问自己：“你眼下的名声如何？你期待今后拥有什么样的名望？”

亚里士多德曾说，人的终极目标就是要获得个人的幸福。幸福从哪里来呢？当我们外在的行为与内心的价值合拍的时候，幸福自然就会涌现。所以，了解内心的渴求，明确自己的价值观，是获得幸福的基础。唯有如此，我们才能明白，什么对自己才是重要的，然后才可以围绕这些价值观展开行动，追逐幸福。

“未曾自省过的人生是没有意义的。”这句话放在价值观问题上，同样成立。想要明确自己的价值观，了解内心的渴求，就需要渐进式地反省自己：在这方面，我想要追求的是什么？价值观如何？

>> 反省过往有疑问的行为

自信是一个人成功的根基。自信来源于哪里？它来自我们对自己的信任，来自我们内心中那“静静的、微小的声音”。如果我们能学会聆听自己内心的声音，并全然相信内在有一股伟大力量自始至终都在指引自己前进时，我们的自信便油然而生，人生也开始变得伟大起来。

因此，想要拥有自信的话，我们就必须反省自己的所作所为。反省可以帮助我们洞察自己真实的价值观。应该如何反省呢？

首先，回顾过去的行为，并做适当的区分。比如，当你处在压力下的时候，是如何表现的？当你不得不在时间与金钱之间做选择的时候，你会如何选择？

其次，对自己一定要诚实。我的一个身价过亿的朋友曾告诉我：诚实本身就是一种价值观，更是其他价值观的源头。只有我们坚持诚实的态度，才能确保自己获得真实的价值取向。

>> 六个步骤，打造你的价值观

一个人当下的行为与他理想中的行为越一致，越能表现得自信和从容，幸福感也越强。每一个平凡的人，都因拥有梦想而伟大，什么样的梦想造就什么样的人生。

按照下边的步骤去做，可以帮你理清自己的价值观。

1. 找一张白纸，把你认为最重要的人生价值写出来，三五个就行。然后判断一下，在它们之中，你认为哪一个最重要？

2. 找出你为人称道的品质，写出来。

3. 与周围人交往时，你认为最应该看重的是什么？写下来。

4. 你如何看待金钱和财富？真诚地写下你的答案。

5. 描述一下你理想中的人物是什么样的，然后审视一下自己，希望自己成为什么样的人？仔仔细细地将你的描述变成文字。

6. 为了让自己的行为与价值观更加一致，你该如何行动？请详细地写明注意事项。

完成这些问题之后，认真地看看你刚才写下的文字，此时，你会发现，自己的价值观已经变得比较明晰了。

>>> 养成“能量释放”的好习惯

>> 改变我们的自我意象

如果一个人总是想当然地认定自己是属于“失败类型”的人，那么无论他的理想有多美好，他是多么努力，意志力有多么坚强，都会在努力的过程中突然莫名其妙地遭遇失败。即便是遇到相对不错的机遇，也常常无法牢牢把握。同样的道理，如果我们认为自己是社会工作的牺牲品，认为自己命中注定要蒙受灾难，周围发生的事一定会印证我们的观点。

这是为什么呢?

自我意象造就了这一切。自我意象指的是一个前提或基础，你的一切性格特征、行为举止，甚至其他领域的特征都是以它为基础建立起来的。结果便是，我们一切经历似乎总是印证并加深我们的自我意象，一个循环就这样形成了。我们自己，决定了这个循环是恶性的还是良性的。

有人会问，我的年龄已经不小了，依然可以做出改变吗?当然可以改变，无数事例证明，改变自我意象与年龄没有关系。无论在人生的哪一个阶段、哪一个时刻，我们都可以改变自我意象，开启一种全新的、不同以往的生活。

我曾听到过这样的抱怨：“我以前努力尝试过，然而那对我一点都不管用。”

很多人在说这句话时，都将思维聚焦在特定的外部环境，或者某些具体的习惯乃至性格缺陷上了。这样的例子还有很多。比如：“我会得到那份工作”“今后我要更愉快，更放松”，等等。然而，说这些话的人从来不琢磨为了得到自己想要的，该如何改变对自我的看法，事实上，努力去改变自我意象才是实现目标的关键。

如果我们选择将“积极思考”作为补丁，用它来缝补“自我意象”的衣服，效果是不理想的。你对自己的看法依然很消极，生活不会有多少改观。

生活真正的奥秘就在这里。我们要真正地去生活，追求自己真心想要的东西，就必须找一个适当的并且切合实际的自我意象伴随我们。有了它，我们的自我将变得健康而积极，我们能更加从容地展示自我，不羞愧，不自卑。

爱因斯坦与乔丹都是善于改变自我意象的人。爱因斯坦所有引人注目的成就，无一不是来源于他无限丰富的想象力。例如，这位伟大的科学家曾经想象过这么一个实验。在这个实验中，他将自己幻想成光速飞行的一个光子，想象作为光子的自己能看到什么，感知什么。然后，他又把自己想象成第二个光子，努力追赶前面那个光子……想象为爱因斯坦提供了创造性的能量。

乔丹在高中时个子不够高，根本进不了校篮球队。然而，乔丹并不气馁，他反复对自己说：我要长到1.98米。就这样，他几乎每一天都翻来覆去地念叨这句话，念叨了一遍又一遍，就连在梦中也会说出这句话。结果，他不但成功长到1.98米，而且成了篮球巨星。乔丹的默念，帮他开启了自我意象之门。

我们该如何打开自我意象之门呢？最关键的就是为自己的自我意象寻找到宝贵的原料。

为了找到这些材料，我们必须努力了解自我，既要清楚地了解自己的优势，又要知晓自己的弱点。无论是强项还是弱项，我们必须保持诚实的态度，坦然地面对自身的优缺点。如此，我们方能接近最真实的自我意象。

了解到真实的自我之后，我们就可以着手去收集材料了。

为自己设定一个偶像的标本

你可以制作一个剪贴本，用它来收集古往今来你最欣赏和渴望成为的成功者的介绍。记住，一定要分门别类，每种你欣赏的品性和志向，都需要有一个代表性人物。

关注他们独特的品性

这些材料通常来自他们的传记、自传以及相关文章。对于他们的个性，我们需认真周密地分析，特别是要审视他们是在缺乏哪些素质的情况下，形成了自身独特的品性，从而取得惊人成就。如此一来，我们便成功地为自己的想象力添加宝贵的原料。在这些材料的基础上，我们可以建立更强、更以目标为导向的自我意象，从而引导我们走向成功。

阅读关于偶像的著作

除此之外，在生活中，我们要养成收集自己想结交的名人资料的习惯，对偶像的习惯、品性等等有一个细致的了解。为此，我们可以买他们写的著作，或者阅读相关文章，认真研究他们的人生观点与看法。特别需要注意的是，要弄清楚他们对那些重要事件的意见。总之，只要我们能深入地了解偶像，并不断地向他们看齐，你的自我意象也将变得健康起来，强大起来。

>>　远离坏情绪的三个关键

每个人在自己的体内都存在着各种各样的负面情绪，这是我们成功路上最大的敌人。负面情绪能把我们拖垮，让我们身心俱疲，甚至让我们对生活毫无兴趣。学会释放正面能量，其中最重要的目标之一就是要先摆脱负面情绪。唯有在情绪全然放松的情况下，我们才能够调动自己的精力和激情，向成功冲刺。

摆脱坏情绪必须从以下几个方面努力：

不为自己找理由。比如，考研成绩不理想，不要因为自己做得很差而情绪低落，而是要清醒地寻找问题的根源，找到自己出现了哪方面的问题，今后的对策是什么，有哪些教训可以吸取。

不要自我合理化。坏情绪出现的一个重要原因就是，自我合理化。当我们合理化的时候，其实是想给自己都无法接受的结果找到一个合理的理由。这样短暂地逃避，不能解决问题，反而会使你产生更多的负面情绪。

尽量看淡他人的看法。过分在意别人如何看待自己是不自信的表现，很容易带来坏情绪，我们应当坚定地走自己的路，别人爱说什么就说什么吧。

>> 你要对自己完全负责

“我来负责！”这是释放能量的一个简单有力的原则。无论你因为什么生气了或者心情沮丧，简单的一句“我来负责”就可以帮助你把控生活，从坏情绪中解脱出来。自己对自己的状况全权负责是治愈各种不良情绪的灵丹妙药，作用立竿见影。这句话，将是我们从不良情绪转向积极情绪的转折点。

纽约市多年以前搞了一项调查，研究人员发现，每个行业做得最好的3%的人与其他的平凡者之间具有显著的差别。顶尖者最鲜明的特点是，他们将自己视作自己的老板。他们本人就是一家公司，而他们认为自己应对供职的公司负起全部责任。

从今以后，我们也要将自己看成自己的老板，就当是自己雇了自己，你要为自己生活、学习以及工作。一定要随时提醒自己，正是因为自己的所作所为，才造成了现在的状况。而你未来的成就，也完全取决于你自己。

>> 停止责怪他人

从现在起，不要再因为任何事而去责怪他人了。无论这些事是过去的、现在的，还是将来可能发生的。不去责怪他人，意味着我们不再找借口或者自我合理化。一旦犯了错，说一声“对不起”，然后尽全力去补救就可以了。如果我们责怪他人或者努力在他人身上找借口，就相当于把自己的责任搁在一边了。

责任和幸福感具有异常紧密的关系。我们承担的责任越大，自控力就越强，自信感与幸福感就越强烈。当我们更加积极地把握住自己的生活时，我们会寻找那些更高、更具有挑战性的目标，并为之奋斗。当然，我们实现这些目标的动力和决心也会逐渐增强。

我们要清醒地认识到自己拥有无限的潜力，只要自己的确热切盼望，并且愿意为之努力付出，就能成为意识里想成为的成功者。

无论我们制订什么样的目标，都必须要对自己的生活、自己的遭遇担起全责，责怪他人或者用借口为自己开脱，都将有损目标的实现。

Part 8

在沉默中超越一切对手

每个人都惧怕风险，所以，我们才会在面临选择的时候陷入犹豫。这种风险虽然会让人害怕，但同时也是一种安全保证。因为当我们意识到风险的时候，就会更认真地对待这件事情，从而降低甚至解决潜在的风险和威胁。

>>> 当你遭遇最坏的结果

“每当面对一个新的挑战时，我第一时间肯定会问自己一个问题：如果发生最坏的结果，我该怎么办？”我的朋友李先生这样说。

有一次，我回到国内视察一个新项目，可是短期的视察并不足以让我做出最终的决定。我陷入了迟疑和犹豫不决中。偶然的机会，在一家茶餐厅遇到了几年前的好朋友李先生，当我谈及此事的时候，他微笑着问我：“你有没有想过，如果失败，最坏的情况会是什么呢？”

李先生给我讲述了他亲身经历的一个故事。

几年前，如同所有只有理想没有资金的年轻人一样，李先生在国内还只是个一穷二白的年轻人。他是靠收废品起家的。创业之初，他先是拉着小车沿街收废品，后来开了家废品收购站。几年之后，他的手中有了十万元的积蓄。这时，他看到了一个投资食品的项目，刚好投资十万元就可以生产。只要这个项目成功，三年内他就能成为百万富翁。当然，利益与风险并存，如果失败，投进去的钱将血本无归。李先生反复思考，最终决定将钱投入这个项目。

几个月后，产品上市，但是由于各方面的原因，销路迟迟打不开。他花高薪聘来了一位有经验的人。最终，他的项目成功了。当人们问他当时为什么会有勇气投资这个项目的时候，他说："我也担心失败，但我想明白了，最坏的结果，不过是重新回到原点，我再拉着车子上大街收废品去。有了这种心态，我也就坦然了。"

相信生活中有很多人如我一样，在面对一个无法预料结果的选择时，总会陷入犹豫。这正是因为我们没有考虑最坏的结果，只盯紧了是否对自己有益。一个人想要成功，必须要考虑到方方面面的因素，与是否盈利相比，最先考虑的反而应该是有可能出现的最糟糕的结果，并根据期间可能出现的状况来综合考量自己的承受能力和应变能力。如果你觉得自己无法承受那样的结果，即使诱惑再大，也要果断地放弃。其实，就像李先生说的，"最坏的结果，不过是重新回到原点"，如果能够以超然的心态去努力，反而会收获"最好的结果"。

我的培训班里曾经有一位学员是做保险推销员的，她做得非常出色，每次公司评比业绩总是第一。她告诉我，她也是从持续了好几个月的零业绩开始的，一开始总是跨不过自己设下的心理障碍，害怕被客户拒绝。后来，她有幸接受了一位行销训练师的培训。训练师要求每一位学员想象自己正站在即将拜访的客户门外。

训练师问道："你现在在哪里呢？"

推销员们回答说："我们正站在客户家的门外啊！"

训练师："很好！那么，你接下来想去哪里呢？"

推销员："我想去客户家里。"

训练师："你想想看，当你进入客户家里之后，最坏的情形将是什么样子的？"

推销员："被客户赶出来吧，最坏的情形大概就是如此。"

训练师："被赶出来后，你又会在哪里呢？"

推销员："我还是站在客户家的门外啊。"

最后，训练师总结道："现在大家都明白了吧？我们没有任何恐惧的理由，因为最坏的结果，不过是回到原处而已。告诉我，这有什么好恐惧的呢？"

这次课程培训之后，我的这位学员就彻底地抛弃了畏惧和退缩的念头，只要有万分之一的希望，她就会尽百分之百的努力。"失败了又能怎样呢？我并没有损失什么，只是退回到原处而已。与以前相比，我还增加了不少工作经验和人生体验。"

抱最好的希望，同时做最坏的打算，这就是成功的秘诀。

正确地判断最坏的情况。很多人可能会问，判断最坏的处境还有正确和错误之分？是的，我们的恐惧源于糟糕的处境，而对未知的最坏情况的评估，如果过高或者过低，都会导致我们错误处理恐惧，这也成了很多人难以跨越的障碍。

我有一个飞行员朋友，有将近六年的远距离飞行经验。前年，他计划了一次环球飞行。他告诉我，最让他恐惧的事情就是“突发状况”。所以，每次飞行之前，他都要提前计划好整个飞行过程，其中就包括如果遇到紧急降落的情况，地点应该选在哪里，以及过程中可能出现的各种最坏情况。

“当我开始着手计划这次环球飞行的时候，我简直害怕极了。这对我来说简直就像做梦一样，我根本不敢想象自己会成功。最开始是担心资金不够，因为除了这架折旧后只能当废铁处理的飞机，我简直一无所有。后来我决定抵押房子，这是我唯一能够换来钱的东西。钱只是最低级的恐惧而已，之后我开始害怕失败，害怕别人的嘲笑。我甚至睡觉的时候都会梦到被众人嘲讽，并从梦中惊醒。我反复地质疑自己：万一失败了怎么办？万一我半途放弃了呢？所以，最终做出决定的时候，我是把生死置之度外的，尊严更是不值一提的小事了。”

每个人都惧怕风险，所以，我们才会在面临选择的时候陷入犹豫。这种风险虽然会让人害怕，但同时也是一种安全保证。因为当我们意识到风险的时候，就会更认真地对待这件事情，从而降低甚至解决潜在的风险和威胁。

我的邻居是一位年轻的职业妈妈，有一次聊天的时候，她告诉我，每次给汽车加油的时候，她总是会把一岁大的孩子一个人留在车上，而她自己去付钱，顺便和加油站的服务人员聊聊天。虽然每次她都充满愧疚，因为理智告诉她，把孩子独自留在车上是不对的，但是同时她又会心存侥幸地告诉自己，不会有事的。直到有一次，她在新闻上看到了一起劫匪在加油站持枪抢劫的案件，被劫持的女性把自己的小孩留在车里，而车被劫匪开走了。她方才恍然惊醒。她说，她发誓永远都不会再把孩子一个人留在车上了。

那么，有什么方法能够让我们面对恐惧并且正确地考虑最坏的情况呢？

首先，我们要承认并接受恐惧。你要告诉自己，恐惧是正常的。每个人在面对最坏的情况时，都会受到影响，而这不是坏事，它能让你更客观地看待整个情况。

当你看清了最坏的状况之后，你就要问自己："面对这么大的风险，万一出现最糟糕的后果，我准备好接受了吗？"对于这个问题的回答，必须要尽可能地客观，不要盲目乐观。你要考虑到自己可能付出的代价，并认真地问自己："我愿意为自己的选择付出这样的代价吗？"

如果你回答"是"，那么，我想你一定准备好接受风险之后带来的后果了。需要强调的是，这里有一个重点——必须完完全全地接受。也就是说，你必须在事前做好完全接受的准备，不能心存侥幸。为什么有那么多人在做出了接受风险的决定之后，仍然无法面对最坏的结果，就是因为他们心存侥幸："虽然风险存在，但我不至于那么倒霉吧！应该不会发生在我身上的。"可最坏的结果偏偏发生了。

我以前是个"冒险主义者"，任何事情都凭着一股冲劲去做。在股市最红火的时候，我握着自己那些"看来"的经验下了海，结果赔了很多钱。虽然在进入股市之前，我也看到很多人跌进了万丈深渊，但是我抱着侥幸的心理，鼓励自己："不要总是想着赔钱，要想想你能赚多少钱。"结果，赔掉的钱让我在很长时间内都翻不过身来。

心存侥幸不会为你带来幸运，只会把你推向更痛苦的深渊。所以，如果你尚未完全做好接受最坏结果的准备，就不要贸然行动。

>>> 降低那些潜在的风险

如果你全面地考虑了最坏的情况，最终决定接受它，那么你现在需要做的事情就是尽可能地降低风险，使情况不至于太糟。这是一种积极的悲观主义，即面对最糟糕的结果，用最积极的方式去处理。

我的搭档威尔斯先生，是一个酷爱探险活动的美国男人，也是我见过的最积极的悲观主义者。当我询问他是如何做到平衡悲观和乐观这两者之间的关系时，他告诉我：

"做任何一件事情，我都会用最悲观的情绪去预测那些消极的因素，但是我会用最积极的态度去对待它们。如果你觉得我是个疯子，那么你一定不适合探险，因为这正是探险的刺激所在。我之所以探险多次仍然毫发无损，这完全归功于我的'完美计划'。当面对新情况时，我会首先评估整件事情。简单地说，就是要想到所有可能出错的环节，并把它们写下来，并一一想出对策，以此来降低风险发生的概率。说出来你可能不相信，在我的直升机上一直都放着一艘经常修护的救生艇，而且我还特地装了昂贵的信号灯。这样，万一我掉到海里，救生艇就能救我的命。”

威尔斯的做法正是“未雨绸缪”，这是积极的悲观主义者的最好范例。他用悲观主义者的态度看到潜在风险，然后用积极者的做法为最坏的情况做好准备。当他把所有的风险都降低到他能够控制的范围内之后，他才真正地询问自己是否准备好接受这样的风险。

生活当中，我们完全可以使用威尔斯的方法来解决一些迟迟没有做出的决定。现在，你可以想一件一直打算做的事情，把它写下来。这件事情可以是：

进行一次花费较大的旅行；

养一只需要消耗精力的宠物；

换一份工作；

买一所新房子。

不管你写下的是什么，只要你打算去做，就一定要清楚你做这件事情后的最坏结果是什么。然后根据这个最坏情况问自己，万一真的发生了，你能正确地处理好吗？如果答案是肯定的，那么你就迈出了跨越恐惧的第一步。之后你要考虑的是，我需要怎样做才能降低最坏情况的发生概率呢？

我的助理曾经告诉我，她特别想买下那辆让她梦寐以求的限量版的车子，但是这样一来，她就会债台高筑，陷入持久的经济危机。可是她又担心如果不赶紧买下来的话，这款车子很快会售罄，而她也有可能再也遇不到让自己如此心动的车子。

我想，很多人一定都面临过这种状况，在自己特别想要的东西面前，总是很难做出抉择。其实，这并不是一道难题。如果你忽略了风险，就可能会受到伤害，同时因此付出的代价也会更高。就像我的助理一样，如果买了那台车子，除了陷入经济危机之外，还有更多的潜在的最坏情况。比如，购买了车子之后需要购买各种保险，万一出现交通事故怎么办呢？她可能要支付大笔的医药费。

每个人都需要做最坏的打算来降低风险，以便能够更好地面对最坏的遭遇。但是如果你不能够把风险降到足够低，低到自己的承受范围之内，就不要贸然做出决定。要知道，一旦付诸行动，是没有后悔的余地的。即使是从来没有失误过的人，在面对没有胜算的危险情况的时候，也会坚决地对机会说“不”。

当然，生活中仍旧有很多问题是我们预见了风险，但是又无法逃避，不得不去面对的。比如，你简直恨透了现在的工作，但是因为种种原因，你又不能够辞职；你与你的爱人已经没有了感情，但是为了孩子的幸福，却不得不勉强生活在一起。

如果你所面对的风险是无法逃避的，那么你就要把注意力转移到自己的态度上。也就是说，你需要坦然和积极地应对。

我的培训机构接待过一位叫阿曼达的客户，她告诉我，她很不喜欢自己现在的工作，但是又不能辞职，因为她不知道自己辞了这份工作后要干什么。这份工作让她“受尽了委屈”，没有一点挑战性，而且还常常被顾客投诉，就连她的上司都常常不明就里地批评她，一点解释的机会都不留给她。在没有找到新的工作之前，辞职当然不是明智之举。阿曼达只能一边寻找新的工作机会，一边尽可能好地完成现在的工作。顾客和同事们都对阿曼达的工作态度赞不绝口，没想到过了不久，阿曼达的工作就变得顺利起来。而她的一位顾客得知了她想要跳槽，主动为她提供了一份更好的工作。

所以，当你想要做一件事情的时候，请仔细按照下面的步骤做出决定。

1. 我能够预测到的最糟糕的情况是什么？

2. 我能够接受最坏的情况吗？

如果你回答“是”，那么就放手去做吧；如果你说“不”，那么请考虑一下如何才能降低潜在风险。如果风险无法回避和降低，那就阻止自己做这件事。

3. 如果这件事情是我无法逃避的，那我只能坦然接受风险，并尽我所有的力量去积极面对。

>>> 成为善于做计划的人

每一个项目的完成，都是从一个计划开始的；而一个计划的施行，也就是一个项目的实现过程。就像盖一座房子，首先需要设计出图纸，之后才能施工，没有一个人能够凭想象造出一栋大楼。我们为人生的每个阶段做出详细的计划和部署，正是为了能够更好地把握人生，更好地实现自我价值。所以，在做每一件事情之前，我们都要提前做好计划。

没有计划，实现目标只能是一句空话。那么，一个好的计划应该如何开始呢？很简单，从时间规划开始。

时间规划的第一步，把你的时间分解开来，尽量让每一刻都在执行富有意义的事情。

我新招聘的秘书薇薇安刚开始接手这份工作的时候，显得特别无奈。因为她发现这份薪水拿得实在不容易，她有太多杂乱的文件和客户资料需要处理。所以，进公司的第一天，我发现她坐在自己的位子上，为各种杂务焦头烂额了一上午。下午下班之前，当我向她索要第二天上午的会议资料的时候，她瞪大了眼睛，惊讶地问道："明天上午就要？老天，我正在赶另一份文件。"最后，薇薇安加了一晚上的班，直到会议前两小时才把资料交到我的手上。

很显然，在我紧急需要会议资料的时候，薇薇安做的另一份文件是没有意义的。

时间规划的第二步，请认真地询问自己：我知道明天需要做什么吗？

如果你不清楚明天做什么，那么你明天所消耗的第一分钟一定是没有任何成效的。一个做事有效率的人，一定会在前一天晚上给自己明确的指示："明天我要去做那件事。"而不是"明天我做什么呢？"

不管你有多么劳累，请一定要把第二天的计划写下来：要打的电话、要会见的人、要执行的任务。写好之后，立刻把计划抛开，不要让它干扰了睡眠。

时间规划的第三步，我有计划之外的时间吗？

时间规划最重要的一点——不能过分地安排自己的时间。一个人把自己的行程安排得满满的，如果出现突发状况怎么办？难道要把所有的日程都打乱吗？试想一下，如果你安排上午九点与客户见面，十点准时参加另一个会议。如果客户因为种种原因迟到了，而你又必须与他见面，那你十点还能准时参加会议吗？

时间规划不是一种约束和枷锁，而是要让自己的时间合理利用并具有灵活性。如果你想让自己的工作活跃起来，只需要安排其中90%的时间。

当你的时间规划都做好了，你就知道自己接下来要做什么了。而下一步，你需要做的是借助一个有效的工具，让自己的计划进行下去。这个工具可以是腕表或者时钟，你只需要按照计划表一步步执行，最后一定能够收获卓有成效的一天。

每一天结束的时候，不要忘记回顾一下今天发生的事情。找出成功或者失败的关键，分析出哪个地方做得不到位，哪些方面能够做得更好；有哪些人帮助你摆脱了困境，什么事情妨碍了工作进展，等等。将它们记录下来，久而久之，你便养成了时间规划的良好习惯。

>>> 学会聪明地规划自己的职业生涯

任何一个具体的职业发展目标，都需要拟订一个粗线条的发展计划。很多人不清楚自己想干什么，或者干了一段时间之后，发现自己不快乐，这就是缺乏职业规划的典型表现。如果你连自己想要什么都不知道，结果就是你什么都想要，但是最后什么都没得到。

我的培训机构在最初成立的时候，每天会收到从招聘网站发来的各种求职简历。我不明白为什么我想招聘的是一个咨询经理，竟然会有几百个电焊工、会计、行政助理相关的简历出现在邮箱里。如果连自己真正想要发展的行业和领域都不清楚，试想一下，这个人能够胜任一份工作吗?

我曾见过无数因为经济和就业形势所迫，而自愿降低"胃口"和身价的求职者，他们的饥不择食简直令我惊讶。当我询问"你为什么会需要这样一份工作"的时候，竟然收到了"只要能让我有一份工作，安排我做什么都行"这样低劣的答案。

还有的就业者抱持着"广撒网，钓大鱼"的态度，漫天求职，甚至根本不清楚自己投简历的这家公司到底是做什么的。有一次，一位求职者闯进我的办公室，气喘吁吁地询问："对不起，我投的简历太多了，请问你们这里是干什么的？"我简直烦透了这样的求职者，当即拒绝了他的求职要求，虽然他的条件完全符合公司的招聘要求。

一个聪明的求职者，他的求职动机必须是清晰的，不能抱着"碰"的想法，就算一不小心碰到了，这份职业也不会长久。没有一个岗位会适合一个零热情和零技能的"寄生虫"。在我所采访过的诸多大型公司的主管人员中，大多数人表示，在招聘的过程中，真正让他们愿意花费时间在面试中去考察的部分就是求职者的动机。

所以，要想更好地规划自己的职业生涯，首先应该关注的是自己——我想要什么？

可能很多人都没有想过这个问题，甚至没有这个概念，唯一的想法就是，赶紧找到一份工作，拿到不错的薪水。也许短期内你的愿望就实现了，可是过了一段时间之后，问题开始暴露。你发现自己不快乐，这份工作没有任何挑战性，这份工作没有想象中那么好，这不是你想要的……之后你开始陷入频繁换工作的境地。

职业规划是走入真正的职业生涯的第一步，千万不要任其自由发展，更不要饥不择食。焦虑和盲目只会让你的履历变得越来越不堪，而且浪费你大把的时间。其实，你只需要耐心地花时间询问和探索自己：我究竟想成为一个什么样的人？我想在哪个行业有所成就？确定了目标之后，对自己的目标和需求进行详细的分析和评估，然后确定行动的方向，之后做出详细的计划加以执行就可以了。

美国的一位职业指导专家萨帕把人的职业发展过程分为五个阶段：

1. 成长阶段（从你出生开始一直到14岁），这是一个以幻想、兴趣为中心的时期，对自己所理解的职业进行选择与评价；

2. 探索阶段（15—24岁），逐步发展自身的兴趣、能力，并对职业的社会价值、就业机会进行考虑，开始进入劳动力市场或开始从事某种职业；

3. 确立阶段（25—44岁），对选定的职业进行尝试，变换工作，直到逐步稳定；

4. 维持阶段（45—64岁），劳动者在工作中已经取得了一定的成绩，需要维持现状，进一步提升自己的社会地位；

5. 衰退阶段（64岁以后），职业生涯接近尾声或酝酿退出工作领域。

我国专家也提出了与之相似的职业期划分方法，即萌发期、继承期、创造期、成熟期和老年期。

一个良好的职业生涯目标规划，应当包含了一生的发展。在这个规划当中，你需要分别制订总计划或者最终目标和阶段计划。阶段计划又包括十年计划、五年计划、三年计划、一年计划，等等，更详细的阶段计划需要具体到一个月、一周乃至一天。计划定好之后，你只需要慢慢地按照一天、一周、一月的计划进行下去，直到最后实现你的一年目标、三年目标……

把这些目标列一个详细的清单，这上面必须要有你对自己的正确评估。比如，体商、智商、情商、兴趣、技能、特长、知识水平、性格、思维习惯，等等。之所以要做这些烦琐细致的分析，是因为一个人成功的职业生涯，必须建立在适合自己长远发展的基础上。

我们来看一下，职业生涯最重要的六个规划步骤：

1. 对自我的正确评估

对自我评估的过程也是了解自己的过程，你需要把个人的职业需求、专业技能和能力、兴趣爱好、性格特点等等，进行最客观详细的分析，只有这样才能够确定自己究竟适合什么样的职业。

2. 对组织以及社会环境的研究分析

在较短的时间内，职业生涯的规划应该侧重于对组织环境的分析，而如果是做长期的规划，则需要着重分析社会环境的变化。

3. 评估自己的职业生涯机会

对自己的职业生涯机会的评估，应包含两个方面：长期机会和短期机会。要根据社会环境和组织环境，并结合个人具体情况，判断出哪些属于长期的发展机会，哪些属于短期的发展机会。

4. 确定职业生涯目标

这个目标应当包括最终的人生目标，以及职业发展的长、中、短期目标。

5. 根据目标制订具体的行动方案

这一步就是要把自己的发展路线，选择何种职业，以及需要进行哪些教育和培训等规划好。

6. 评估与反馈

评估和反馈的过程也是自我不断确认和改正的过程。这个过程能够让你的职业生涯规划更加完善和有效。

成功的道路没有既定的标准，每个人都是与众不同的，所以，我们必须要根据自己的性格和特长，选择适合自己的跑道。只有具备了战略眼光以及长远的职业规划，人生才会持续地顺利地发展。而那些只能看到眼前利益、计较当下得失的人，注定只能维持短暂的成功。

>>> 控制你的“过程”

>> 必须及时地纠错

如果你有过管理经验，一定深有体会：管理的过程是一个不断发现错误、纠正错误的过程。在此期间，员工或者执行过程会出现各种各样的问题，管理人员需要采取各种手段，想方设法地阻止错误的蔓延和增生，以便能够在限定的日期内完成目标。

但是就管理的整个过程而言，计划和纠错就像是一枚钱币的两面。如果只有一个原定计划，没有应急和调控措施，管理控制的过程不但毫无意义，而且还会导致可大可小的危机；同样，管理人员如果没有预先制订好可行的操作计划，那么管理的过程也会导致组织内部的冲突与矛盾。

如果你在做一件事情的时候，没有把握是否会成功，也没有预估在进行的过程中会遇到何种状况，那么这个“事件”就会错漏百出直到功亏一篑。

控制的过程同时也是一个不断纠错的过程，但是错误的纠正一定要及时。很多人发现自己离目标越来越远，就是因为一个小错误没有得到及时更改，隐藏在完美的表象下蔓延发展，最终导致项目的全面溃败。

>> 请不断地确认你的目标

执行一个项目，它当然只有一个终极目标，但是在此过程中，会有很多选择，就像大树的分支、马路的分岔口，哪个方向是通往最终目的地的，需要在前行的过程中不断确认。也就是说，不断地确认“自我期望值”。

很多人最初的成功并非与自己的期望完全一致，那不是他最终想要的成功，或者说，与他的初衷背离了。

诺贝尔在最初的时候是研制炸药的，他希望他研究出来的炸药能够应用于工业生产，造福于人类。可是炸药被人们广泛地应用于战争，看到自己的研究成果居然成了人类互相残杀的工具，诺贝尔感觉很失落。

直到有一天，诺贝尔在报纸的讣告栏中看到了自己的名字，他的心被深深地刺痛了。这则讣告中写道：“炸药大王去世了，他是死亡批发商。”很显然，这是报社的失误。但是当他看到“死亡批发商”这几个字的时候，仍然感到难受不已，因为后人都会这样评价他。他不想成为这样的人，于是，他决心要改变自己的目标，转而为和平而努力。

1895年，诺贝尔设立了物理学、化学、文学、生理学或医学、和平五种奖项，并立下遗嘱，将自己的大部分遗产用作这些奖项的基金建设，并将遗产每年的利息用来奖励这五个领域中贡献最大的人。在历史的发展过程中，诺贝尔已经不再是“死亡批发商”，而是一个为世界和平以及科学发展做出极大贡献的人。

诺贝尔为什么会转而投向和平事业呢？很显然，当“用火药造福人类”的目标被扭曲，与自己的理想发生了偏颇的时候，他发现事情的发展已经远远不是他所期望的那样。所以，他及时地做出了调整，让自己不至于在错误的道路上越走越远。

生活中有很多人都迷失在了追逐成功的过程中，他们被现实的迷雾蒙蔽了双眼，无法辨认过程中出现的诱惑性选择是不是通往最终目标的正确途径。当理智沦陷的时候，目标也就随着利益偏离了，最终只能走上一条不归路。

不断确认目标的过程，其实就是调整未来规划的过程，在逐渐向目标靠近的过程中，最重要的是要能够时刻清楚自己在做什么，以及接下来要做什么，会获得怎样的结果，最终会成为什么样的人。这是一个反复认可自己、推翻自己、再认可自己的过程，任何一个成功人士都是在这种过程中实现理想的。

我们以规划职业生涯为例，一开始我们可能还不太清楚自己最终要做什么，但是我们可以一边工作一边探索和分析，在目前的工作岗位中分析出自己的能力，看到自己还缺乏哪些素质、哪些技能。也许最开始的时候你只想当一名平凡的办公室文员，但是在不断的磨炼中发现自己更适合销售的工作，这时候，你就需要认真深入地分析自己：

我最初的目标是正确的吗？

我的行动是否与目标出现偏差？

我接下来要做什么呢？

当答案确定的时候，我们就要及时地做出调整，给自己制订新的目标，让自己走上正确的、离新目标最近的道路。

创新工场的董事长兼首席执行官李开复先生，是计算机领域的专家，但是他最初的专业是法律，与计算机没有关系。那时候，李开复的理想是从事一份法律或者政治方面的工作，于是，按照自己的目标，他报考了美国哥伦比亚大学的法律系。可是经过一年的学习以后，李开复发现自己对法律并没有想象中的那种热情，反而对计算机产生了浓厚的兴趣。之后的日子里，李开复把自己的所有时间和精力都用在了计算机方面，他每天都疯狂地编程，持久的努力和天赋让他很快引起了老师和同学的关注。

大二的时候，李开复毅然决然地放弃了在法律系修到的学分，转到了计算机系，从头开始学习。很多人都觉得他的做法是不理智的，因为转专业所花费的时间和精力对自己来说是很大的损失。但是李开复认为，“人生不应该浪费在没有乐趣的领域”，他认为对自己来说，没有什么比从事一份自己充满兴趣和激情的工作更加重要，既然已经发现了自己的目标，就要果断地向目标前进。

后来，李开复在一次讲话中说，他很庆幸自己在大二那年做出了换专业的决定，如果没有那个决定，他今天可能只是在美国某个不知名的小镇上做一个既不成功又不快乐的律师，而他的果断和对自我清晰的认识使他最后获得了巨大的成功。

设定了正确的目标，我们才会在生活中用更积极的态度更坚定地前进。这种坚定的目标会给我们的工作和生活带来愉悦的动力，让我们始终保持旺盛的精力，充满不懈的热情，即使遇到任何困难都不会偏离轨道，丢失自己。每个人在向目标迈进的过程中，都需要不断地确认“自我期望值”，这种期望值是我们认识自我、相信自我的第一步。只有拥有了正确的自我期望，我们才会坚定自己的信念，向着明确的方向前进，做起事情来也会更加有效率。

>>> 二十四小时紧急计划

我始终认为，世界上没有任何成功的秘诀比踏踏实实、循序渐进的工作与学习更有效率。正如拿破仑·希尔所说："按部就班地做下去是实现目标的唯一的聪明做法。"有时候，你所看到的那些成功人士，他们仿佛是一夜成名，但你要知道，光鲜的背后是更多不为人所知的部分，他们的成功并非偶然，而是无数个呕心沥血的黑夜铸成的。

我的好朋友汤姆曾经向我展示了一个令人惊讶的二十四小时紧急广告营销策划，这份策划书的细致程度竟然不亚于我花费一个星期做出来的计划。当我震惊地询问汤姆是如何在这么短的时间内做到的，他很谦虚地给我列了一个时间分配表：

第1小时：评估现实存在的状况

第2—3小时：制订营销目标

第3—4小时：明确目标客户

第4—10小时：对方案展开研究

第10—18小时：设计营销活动方案

第18—21小时：安排预算

第21—23小时：确定营销日程表

第23—24小时：回头检查错误

汤姆告诉我，如果你按照这个步骤去做，也一定会做出令人惊讶的成果。即使时间再紧迫，也要合理并且按部就班地规划将要执行的每一步。

有些人不喜欢让“计划”去支配自己，喜欢突发奇想，想到哪儿就做到哪儿。当然，你会发现，这样的人多数是一事无成的。一个对自己的行为没有任何约束也没有计划性的人，当遭遇挫折的突袭的时候，往往会退缩或选择放弃。因为他们不知道如何应对，更没有一个完整的计划去指引自己。

未来的事情没有人能够完全确定，就像航海一样，你没办法预测前行的过程中是否会遇到风暴，即便是天气预测也常常会出现失误。未来的种种不确定因素以及变化使计划显得更加重要。这时可能有人会说了，反正未来都难以预料，现在做计划还有什么用呢？没有计划的时候，任何状况都会是突发状况，你随时都会措手不及；而如果之前有计划，那么只需要按部就班地完成每一个目标，同时积极地应对意料之外的状况就可以了。

我有一个朋友很喜欢旅游。有一次，他与俱乐部的一行人计划着要去国内的西北地区旅游。大家的时间、财力都有限，但是大家又都想尽可能地多玩几个地方，这就需要一个比较专业的人士贡献一个周密的计划。很巧的是，他们当中有一位学过导游专业，在他们出发之前，这个专业人士拿出了一份几乎完美的旅行计划。其中包括了目的地沿线的各种大小景点、路线的车船班次、公里数，甚至当地的民风民俗、可供下榻的旅社、合适的餐厅和土特产品，等等。

大家怀着喜悦的心情出发了。一路上，他们都严格照计划行进，旅途一切顺利，没有出现任何状况。然而，一切都在掌握中的感觉反而让很多人不满足了，他们开始不满足于按部就班，希望能够遇到点刺激的、意料之外的事情。

当进入新疆境内的时候，按照计划他们包了一辆车，天黑前应该能够早早地到达目的地。但是没想到的是，那一带遭遇了大水，汽车无法正常通过了。在这种情况下，他们是无法按计划到达目的地的，而且明天的路线也要做出调整。

天渐渐黑下来了，车子刚行驶到半途中，这时候，他们中的一些人建议找一处稍微安全些的宿营地，先安顿下来，等到第二天再做打算。可是这里的环境每个人都不熟悉，万一出现状况，是没有任何应对措施的。最终，制订计划的人坚定地说，车子不能停下来，不管多晚都必须到达目的地。那晚半夜的时候，他们终于赶到了目标城市，而整个计划都得以完全执行。

大多数时候，我们都只能知晓和掌握计划之内的事情。对于计划外的东西，如果我们预先没有做好准备，就必须要按部就班地按计划进行，不能依照心情随意地做决定。

很多人想要一步发达，做事投机取巧，却忘记了只有踏踏实实才能够取得成功。投机的心态不能帮助我们成功，只会成为前进路上最大的障碍。天下没有能够一蹴而就的好事情，所有的收获都必须经由同等的付出才能够得到。如果过分追求速度，最终的结果也必然是粗糙不堪的。

>>> 没有完美，只有完善

很多时候，我们都在追求完美。这本是一种严格要求自己的行为，但是事实是，绝对完美的事物是不存在的，盲目将所有的精力投入到不可能的事情上，无疑是傻瓜的做法。

我们身边有很多这样的例子，大到企业发展，小到个人的成长，很多人都败在了太过于追求完美这一点上。

当初微软公司与OS2竞争的时候没有选择把Windows 95做完美了再发布，而是率先把不完美的Windows 95推向市场，接着Windows 95很快升级到Windows 97，过了一段时间又推出Windows 98，接下来又是Windows Me、Windows XP。虽然大家对微软三天两头就安装补丁的做法颇有微词，但由于微软的产品率先上市，所以市场还是接受了微软的Windows系列。而OS2研发出来的用户界面，虽然很漂亮也很完美，却很少有人知道。

由此可见，一个公司要想在竞争中获胜，产品的质量固然重要，产品推向市场的速度也非常重要。中国有句话叫“先下手为强”，就是这个意思。对一些刚刚创业的公司来说，这一原则尤其需要把握。比如在产品设计上，不能执着于自己想象中的那种完美，而是要以用户的需求为标准。

事实上，一款产品好不好，不是研发人员说了算，而是客户说了算。许多我们认为非常好的创意或功能，在用户看来很可能一文不值。所以，我们要想在竞争中获胜，就不能技术主义至上，而必须以最快的速度推出能满足客户基本需求的产品，然后在用户的反馈中修正、更改，使它向完美靠近。

技术含量最高的产品不一定是卖得最好的。客户购买的是产品的功能而不是产品的技术含量，对他们来说，只要产品的功能达到了他们的心理需求，就算是一款好产品。所以，企业不一定非要追求完美，也不需要害怕推出的产品有缺陷，因为满足用户需求才是根本。

有的创业公司，虽然不在产品上追求完美，在管理上却苛求完美。这样的工作方式也是不可取的。小公司的优势就是灵活，一旦制定了烦琐的流程和制度，灵活的优势就没有了，这样一来，在抢占市场的竞争中，也就失去了速度优势。

事实上，小公司要想创业成功，很多时候靠的就是老板的商业直觉和行动速度。当发现商机的时候，公司需要迅速地判断形势，付诸行动，发现问题后再及时做调整。这种做法，虽然不像大公司那样稳扎稳打，但是可以使公司迅速捕捉到机会，成长起来。反之，如果什么决策都要通过刻板的论证，没完没了地开会讨论，那么等公司决定去做的时候，机遇可能早就消失了。

当公司还没有进入稳步发展阶段的时候，过于追求完美的管理方式只会让公司失去决策灵活、反应敏捷这些竞争优势。无数事实已经证明，创业初期，只要抓住了利润、现金流和生存这几个大方向，即便管理粗放些也无伤大雅。

在职场上，完美主义也是一种无形的负担，那些完美主义者往往都很难取得成功。我们知道，凡事追求完美的人，往往是对成功充满渴望的人。在找工作的时候，他们就特别追求完美。有的非龙头企业不进，有的非对口专业不干。他们认为大公司就是最完美的，因为大公司会有完善的劳动合同，有五险一金的保障，有合理的晋升制度，有人性化的休假制度，有亲和友善的同事。当他们找不到这样的工作环境时，就频繁跳槽。事实上，在这个世界上既没有完美的工作，也没有完美的公司。任何公司都有它的优势和缺点，如果我们总是抱着一种追求完美的态度去寻找工作，那么结果必然是永远也找不到。

在工作中，追求完美主义的人会过度看重细节，从而影响工作效率。事实上，如果我们明白任何事情都只能做到相对完美而不是绝对完美，我们就会知道在工作中什么时候应该尽善尽美，什么时候只需要达标就行。一个成熟的人，不会事事都追求完美，那本来就是一个无法实现的幼稚想法。

完美主义者为了追求工作的完美，总是把时间和效率抛到脑后。然而，任何一家公司都是讲求效益的，花费90%的精力获得10%的质量提升，这样的事对公司而言是没有意义的。虽然没有公司不喜欢员工做事尽善尽美，但如果这种行为影响了公司的效益，公司显然是无法接受的。

这表明，完美主义是一把双刃剑，过度追求它，你会失去效率；不重视它，你又可能无法把事情做好。能否平衡好这中间的度，将成为一个人、一家公司能否成功的关键。

>>> 规划力的训练方法

我个人所接触到的所有的成功者，无一例外都是善于规划的高手。

我的营销部主管菲利希亚女士经常拍着桌子对下属大喊：“效率！效率！你难道没有用你的大脑思考吗？”哪怕被她看到下属只是打印文件的速度慢了一点，她也会愤怒地提出警告：“小心你的工资。”

我知道，菲利希亚的做法显然有点小题大做。但与此同时很明显的是，销售部的业绩在她的领导下，一直处于直线上升的状态。而她的手下，几乎没有一个人敢浪费时间。

菲利希亚的做法，表面上看来是尊重时间、注重效率，其实最本质和深层的意义是，做任何事情之前，都要做好规划。规划力的养成和运用，不只是在职场和工作中，日常生活中也同样需要。只有这样，在面对突发状况的时候才能够冷静处理。

怎样才能锻炼好我们的规划力呢？

1. 从小事情的统筹计划开始

你可以尝试着从做家务开始。比如你现在有一大堆事情需要在两个小时内完成，你需要做饭、洗衣、化妆、见客户、接孩子放学。那么，你要怎样安排这短短的两个小时呢？最节省时间的做法不是一件一件地去完成，而是要合理统筹，同步进行。

2. 根据轻重缓急，安排好优先顺序

很多人认为所谓的规划其实就是严格按照时间顺序来完成每一

件事情，他们所理解的并不是规划，只是机械地完成任务而已。比如，很多人在看报纸的时候，习惯从第一页开始，一页页翻下去，花费了大半天时间，却仿佛什么都没记住；同样是读这份报纸，有计划的人会大体翻看一下重大时事新闻，再优先挑选自己感兴趣的新闻，最后有闲暇时间再去翻看其他内容。同样的时间，同样的内容，获得的信息却截然不同。

3. 设定一个自己能够接受的状况

你可以构想一个完整的情景，并想象其间可能出现的任何状况。当遭遇这种状况的时候，你会采取什么样的措施去应对，是否能够很好地解决。这种方式能够很好地锻炼规划能力。

4. 明确自己的不同角色

这是规划力训练的第四步——角色分析。我们每个人都同时扮演着不同的角色，比如你在家里是父母，在公司里是普通的职员。在特定的时间和环境里，认准自己的角色，努力地让自己表现得更好。

5. 对环境进行全面的分析

请把这些选项列在纸上，每一项都要有详细的分析。这些选项包括遇到的机遇、正面临的挑战、未来的发展前景、外部环境、竞争对手、潜在客户、技能水平，等等。根据自己的优势和劣势，做出一份最客观的评估表。

6. 为你的目标设定原则

原则一：这个目标是客观的，而且属于我自己。

原则二：这个目标具有可行性。

原则三：这个目标是具体的，并且可以衡量评估。

原则四：这个目标必须有期限设定。

原则五：有书面的、详细的实施步骤。

7. 制订可行策略并进行归类

为计划做好可行的策略准备。对于重要而且比较紧急的事情，尽量使其向重要但是不紧急的状态发展。而对于那些不重要但是紧急的事情，要尽量减少。不重要又不紧急的事情就要学会忽略。

8. 控制开销预算

这很重要，一个不断吞噬时间、精力和占用过多资源的计划，就像永远看不到尽头的无底洞，它会最大限度地拖累你，直到把所有资源耗尽。某种程度上，这与过程差错和追求完美有关。不管你多么想要这个计划尽善尽美，都请一定严格控制开销和预算。简单来说，一切都要物有所值。

9. 执行与监控

这是一项计划中最关键的步骤。执行不到位，再完美的计划都是空谈；监控无力，会使执行过程充满错误和漏洞。

10. 时间管理原则

每天都为自己列一份清单，上面记录每天重要的事情。

确定好事情进展的顺序，并严格按照计划进行。

坚持每天都这样做。

11. 请遵照计划行事，避免拖沓

加拿大卡尔加里大学心理学家皮尔斯·斯蒂尔指出，办事拖拉的人通常有以下四种心态。

第一种，过于自信。这类人总会说：“着什么急啊，时间还早着呢！我肯定能完成的。”他们不会考虑其间可能出现的突发状况，所以，一个小时能完成的工作往往需要花上一整天。

第二种，没有工作热情。完成工作后也不会有什么愉悦的心情。抱有这种心态的人常常厌倦工作、没有激情、厌恶高难度工作、人际关系差。他们在接手工作的时候就已经充满了埋怨，怀着这样的心态，工作也是拖一天算一天。

第三种，对可能获得的奖励期望值低。大多数时候，我们完成的工作所能得到的回报都是固定的，基本上都在我们的预期中，只有少数工作能给人带来高回报。所以，人们就习惯了“早做晚做，都只能拿那些薪水”的想法，这无疑也会导致拖拉。

第四种，经常性走神和注意力不集中。这类人总是做着一件事的同时还想着别的事情，无法提高工作效率。

避免拖沓的最有效方法就是做好短期规划。如果你办事拖拖拉拉，不妨尝试把工作分成几个阶段，然后在规定的时间内分别完成。这样就会对自己即将要做的事情有把握，同时也不容易分神。

Part 9

不可不回避的“隐忍力误区”

懦弱与隐忍仅一步之遥，但是界限的划定很清晰。隐忍，是指面对的状况在自己允许的底线之内，为了大局着想，可以暂时放弃个人的得失荣辱，正如俗话所说，退一步海阔天空。而懦弱则是放弃了自己的原则，没有自己的观点和立场，习惯在恐惧和压迫中接受别人强加的观点。要想在社会上立足，我们都要学会忍耐，但绝对不能懦弱。

>>> “懦弱”的隐忍和“匹夫”的勇敢

>> 隐忍与懦弱的区别

人人都希望自己是一个勇敢的人，这个世界上不会有人心甘情愿地做一个被人鄙视的懦夫。但是，懦弱和隐忍显然有着天壤之别。因为胆小怕事而忍气吞声、止步不前，这并不是隐忍。

有三个兄弟特别想知道自己的命运，于是向一位智者求教。智者弄清楚了他们的来意后，询问道：“据说在遥远的天竺国，有一个大国寺，大国寺里面珍藏着一颗价值连城的夜明珠，你们愿意去取吗？”

大哥无所谓地说：“我生性淡泊，夜明珠对我来讲也不过是一颗普通的珠子，我想我是不会去的。”

二弟自信满满地拍着胸脯说：“不管路途多么艰难，我一定会把夜明珠取回来。”

三弟则眉头紧锁，充满愁苦的神情，他说：“去天竺路途那么遥远，而且途中肯定会遭遇很多危险，恐怕我们还未走到天竺，命已经丢了。”

智者听完他们的回答，微笑着说：“你们的命运已经很明显了，大哥不喜富贵，不追逐名利，自然将来也难以富贵，但是淡泊之人一定能得到很多知己；二弟性格坚毅果断，不畏惧困难，以后定会前途无量；三弟性格优柔懦弱，注定只能平凡过活，不会成大事。”

懦弱说白了是一种心理问题，说明一个人太过于胆小怕事。而隐忍在本质上则是一种心态问题，与懦弱恰恰相反，它说明一个人的心态强大，能够在复杂的情形下克制住内心的愤怒、焦虑、急躁，它其实也是一种积极的处世态度。

懦弱与隐忍仅一步之遥，但是界限的划定很清晰。隐忍，是指面对的状况在自己允许的底线之内，为了大局着想，可以暂时放弃个人的得失荣辱，正如俗话所说，退一步海阔天空。而懦弱则是放弃了自己的原则，没有自己的观点和立场，习惯在恐惧和压迫中接受别人强加的观点。要想在社会上立足，我们都要学会忍耐，但绝对不能懦弱。任何时候，原则和底线都是不能放弃的根本。

布朗太太是我的培训班上的一位学员，她第一天来报名的时候，我就发现了她的异常。一个不过三十多岁的年轻女人，眼神中却流露出近乎六十岁的沧桑，显然，她陷入了危机或者困惑之中。

当我询问她，为什么会来我的培训班的时候，她的眼睛始终看着桌角，不愿多说一个字。我试探性地告诉她，如果我不清楚原因的话，可能无法帮到她。她沉默了半晌之后，撩起长长的刘海让我看，一块瘀青赫然出现在我眼前。

原来，布朗太太曾经是个模特，因为出众的身材和相貌，在结婚之前有过很多伴侣，但是后来，她遇到了现在的丈夫，这个男人对她展开了猛烈的追求，而且对她万般宠爱。最终，她决定嫁给这个男人，并发誓只忠诚于他一个人。可是婚后不久，她的丈夫性情大变，他总是指责和怀疑妻子的不忠，但是布朗太太都忍耐下来了，因为她觉得丈夫的情绪是可以理解的。可是后来，丈夫竟然开始酗酒，而且对她施以家暴，这让布朗太太从身体到心理上都遭受了巨大的伤害。

讲完了自己的不幸遭遇之后，布朗太太仿佛轻松了许多，她认真地看着我，之后询问："很多次我都想结束这段糟糕的婚姻，我的朋友都劝我尽快离开他。可是婚后我便失去了生活来源，我的青春已经不再，我无法再登上舞台。我无法想象离婚之后的拮据生活，或许我应该继续忍耐？"

我没有正面回答布朗太太的问题，而是给她讲了一个故事。

很久以前，有一条为害人间的大蛇，伤了很多人和家畜，以致耕种的人不敢下地，经商的人不敢外出做生意，孩子们也不敢去上学。后来，人人都不敢外出了。

大家在没有办法的情况下，向一位高僧求教。据说这位高僧的修行很高，讲道时就连顽石都会被点化，再嗜血凶残的野兽也会被他驯服。不久后，这条大蛇就被高僧驯服并教化了，它不但不再伤人，而且好像还具有了灵性，知晓了很多为人处世的道理。人们渐渐地发现了这条蛇的变化，它不再凶猛，甚至还有些畏怯与懦弱，于是人们纷纷欺侮起它来。

一天，大蛇被人们打得遍体鳞伤，它哭泣着找到高僧诉苦。高僧惊讶地询问它：“你怎么这副样子呢？”大蛇啜泣着说：“你不是一再教导我要与世无争吗？我尽量做到与大家和睦相处，可是人人都觉得我好欺负，连小孩都敢向我丢石头。请您告诉我，您的教导真的是正确的吗？”高僧叹了一口气，说道：“我只是要求你不要伤害人畜，并没有告诉你不可以昂首吐芯地吓吓他们啊！”

布朗太太忽然明白了自己的问题，她的忍耐失去了原则和底线，就像这条大蛇一样，没有了忍让的意义，只会让人觉得她容易操纵和欺负。她的忍耐在丈夫看来，不过是一种充满愧疚的懦弱。所以，她真正需要做的不是默默地忍受，而是要严正地阐明自己的立场，重新做回自己，不能再像现在一样胆怯地退让。

半个月以后，布朗太太告诉我她离婚了，她无法改变她的丈夫，但也不能再一味地懦弱下去。她已经投出了简历，而且隔天就要去参加一家明星经纪公司的面试，她感觉自己的状态棒极了。

布朗太太的故事对我们每个人来说都是一个警示。在生活当中，忍耐固然重要，但是要将它与懦弱区分开来。每个人都要学会忍，但绝不能懦弱。不管什么时候，都不能放弃自己的原则和底线。

>> 真正意义的“勇敢”是什么?

真正意义的勇敢是放弃固有的经验和知识，放下当前的荣耀和成功，勇敢地去当一名新手。

在这个竞争决定一切的时代，到处充斥着比拼资源的意味。每个人都拼尽全力去占有资源，物质、知识、人脉、技术等等更是成了让人们争得头破血流的资源。每个人都站在悬崖边上，内心充满深深的恐惧，害怕自己被甩下、被抛弃。我认识的一位乡镇企业家，就怕别人说他没文化，所以他憋着这口气，非要上名牌大学读个EMBA回来。

结果，EMBA的名号是拿下来了，也学了一肚子理论，但实际上呢，这些理论不仅对他个人没啥用处，对他的公司也没有任何帮助，反而让员工们感觉无所适从。到最后，这个企业家还是放弃了那些从EMBA课程学来的论调，从公司的实际情况出发。

勇敢不是一种虚荣的冲劲，而是能够脚踏实地、放弃过往经验、不断创新的品质。“苹果之父”乔布斯就把这种罕见的特质发挥得淋漓尽致。

乔布斯在自己儿时被父母遗弃了，之后被领养，这样的经历让小乔布斯很早就开始思考一些问题。比如，我是谁，我来这个世界干什么，死亡究竟意味着什么，等等。那时候美国的商业氛围充满了焦躁的气息，乔布斯厌烦了这种环境，十九岁的时候，他选择去印度寻访神性，开始了他七个月的禅修之路。

禅宗的学习让他悟出了一个道理，就是始终抱持初学者心态。

因为新手的心灵具有开放性，一点也不封闭，对外界始终是敞开的，对未来的任何事情都充满了信心和期待，他们能够接受一切，心中充满了无限可能性。

乔布斯一直从这样的理念出发，他不喜欢从既定的东西开始思索，而是更喜欢独辟蹊径，人们都接受和崇敬的东西反而让他感觉不舒服。有一天乔布斯突然想到，电脑上装个键盘多麻烦呀！不知道人们为什么会习以为常。他很想解决这个问题，于是就在马路边上询问路人。人们都承认很麻烦，但是没有键盘会感觉不习惯。有一个工程师告诉他，电脑的核心关系是1和0的关系，键盘也并非天经地义的。

这句话促使乔布斯有了一个新想法，我为什么不能放弃烦琐的敲打式键盘，设计一个触摸式的键盘呢？在这样的创新思维的指导下，不久后，触摸键盘就问世了。

乔布斯这种善于打破现有秩序的思维让他走出了事物固有的逻辑，从零和空白出发，创造出了属于自己的奇迹。

所以我们说，要想抓住真理的手臂，所需要的不仅是独特的眼光、敏锐的嗅觉、过人的知识和技能，等等，最重要的是需要拥有能够舍弃一切和一切从头开始的胆识。这种品质和创造能力不是一般人所能具有的。

>>> 潜伏者的悲剧是怎样形成的

“过度谦虚”一定会埋没自己的能力，这正是有些人终生无法获得突破的致命原因。他们常常责怪他人，却没有反思根源。有时，造成一个人生活状况糟糕的罪魁祸首恰恰是他的一些“美德”，而不是他做了什么让人鄙弃的事情。

>> 不要失去表现的能力

在残酷的丛林竞争中，一只狼只是趴在灌木中耐心等待是远远不够的，光埋头苦干还不行，必须在恰当的时候出击，展示出“锋利的牙齿”。虽说是金子就总会发光——这无疑是误导许多人的罪恶理论之一，但是如果能主动展现自身绚丽的光彩，就可以更早地被人发现。

如果你正准备在某家公司大展身手，你还需要主动地告诉你的老板：“这件事归我做了，别再交给其他人了！”

我的培训机构有一次邀请到一位很成功的女士来讲课，她年仅三十岁就已经是一家外企的副总裁。最让人惊讶的是，她只在外企工作了四年，就坐到了这个位子。演讲的过程中，有学员向她提问为何晋升得这么快，她微笑而自信地说：“没有别的，当然要靠自己的能力了。”

学员继续提出自己的疑问：“我的能力也不差，为什么我无法做到？”

她清了清嗓音，满意地说：“这个问题很好，我提到的能力当然不仅仅是说通常意义上的真才实学，其中还包括一项被很多人忽视的能力——表现。职场的舞台上，每天上演的无非一场接一场的表演秀，你的表现力决定了你的‘票房’。如果你自认为是一名很好的演员，但是从来不展示，你的老板会认为你是一名可用的演员吗？”

这位女士的演讲赢来了阵阵掌声，最后她补充道：“请记住，你的表现力决定了你在职场中的号召力和影响力，进而也决定了你在职场中的角色和地位。如果你是金子，请不要吝啬你的光芒，展现你自己，这会助你早日成功。”

在现实生活中，有很多人才被埋没，并不是因为他们的能力还不足以担当重任，而是他们不具备表现能力。当自己不被重视时，不会表现自己的人往往只是扼腕叹息，在颓丧中高呼遇不到一个懂自己的伯乐。事实是，即使存在一个伯乐，他也得看到那匹“千里马”的才华，才能选中它，而才华是需要表现出来的。特别是对于职场人士来说，表现力往往决定了个人在职场中的生存状况。不要奢望你的老板有透视眼，即使有，他也没时间去一一探视。所以，这得靠你自己去好好表现。

我的公司有一次招聘一名培训师，经过重重筛选，留下来的只有两个人。其中一个是一名博士，另一个是本科学位的毕业生。最后的结果是，那名本科生被录取了。

为什么呢？原因其实很简单。面试的时候，当我问博士：“请告诉我，您最擅长的是什么呢？”博士很谦虚地说：“我也没有什么特别擅长的，各方面差不多。”然后我接着问：“那么您有什么爱好吗？”博士仍然谦虚地表示，他也没什么特别的爱好。

本科生的表现与他截然不同，面对同样的问题，本科生考虑了一下，认真地回答：“我是个喜欢安静的人，喜欢思考，做事比较有效率，最擅长做一些精细、考验耐心的工作。爱好就是看书、唱歌和旅游。”

本科生的条件刚好符合我要招聘的培训师的岗位，最重要的是，他能够大胆地表现自己，这为他的职场之路打开了一扇机遇之门。相信任何一家公司都不会喜欢一个什么都不擅长的博士，而这个本科生表现出的细致、耐心、效率和自信，恰好是一名机构培训师所需要的。

>> 为什么始终把握不了机会?

很多人之所以叫嚷着没有机会，是因为他们常常把自己的视野扩展到自己能力达不到的地方，而不是去好好把握现在就能把握住的事情。我们经常能够听到这样的议论，“如果给我那样的机会，我也能做得不错”“可惜呀，咱没有这样的机会哦”。发出这种感慨的人，总是习惯性地抱怨，而不是耐住性子，做好身边的事情，把握住自己能抓住的机遇。

实实在在的成功者从来不故弄玄虚，一心想着将来的机会。对他们而言，工作就是机会，执行一次任务就是一次机会。能够把这些事情做好，也就能迎来成功。我的培训机构的执行董事欧阳小姐就是善于抓住机会的典型。

欧阳小姐刚开始的职业生涯和大多数人一样，长期处于波澜不惊的状态，在办公室里做一个小职员，技术含量不高，自己也能够轻松胜任。后来，国内开始兴起一个新的行业——“公关”，领导看到欧阳各方面素质都还不错，就决定让她负责公关部。在欧阳看来，这是一个很好的机会。虽然她对公关没有足够的理论知识，但是凭着直觉，她认定自己会大有作为。

在这个岗位上，她悉心学习，勤奋努力，慢慢做出了一些成绩。但随之而来的不是赞誉，而是别人眼里的“公关小姐”的称呼。在当时的国内环境里，这不是一个好的称谓，甚至带有贬低和歧视色彩。但是欧阳小姐并不在乎别人的看法，她认为只要自己坚信是对的，别人说什么都不重要。

后来，她又一次迎来了机会。那年夏天，国家跳水队从韩国参加奥运会载誉归来，一批跳水队员在全国做巡回报告。欧阳坐在办公室里，突然想到了一个好的创意：邀请跳水队员来参观他们的企业。她把这个想法报告给了负责销售的老总，得到了对方的赞许。于是她马上展开行动，通过朋友了解到了跳水队领队的名字，并摸清了他们的下一次活动正是在广州，而且还知道了具体时间。为了保证每一位跳水明星都能到来，她甚至弄清楚了这些人之间的亲疏关系。

跳水队到达广州后，欧阳在朋友告知的地点等候了很长时间也没有等到领队。但是她没有放弃，终于在广场与领队遇上了。见到领队，她展开了感情攻势，她告诉这位领队自己以前就是跳水队的，现在刚大学毕业，在一家公司负责公关工作，希望能够在这方面做出点成绩，请求领队帮一个小忙，带领队员们到她的公司参观一下。领队没有考虑太久，爽快地答应了。这个很多企业都梦想得到的机会，被她锲而不舍地争取到了。

确定好参观时间之后，她马上联系电视台和各大媒体，以及有意向提供赞助的企业。结果正如预料的那样，所有的企业和媒体在跳水队参观那天很配合。这一次公关大功告成，不仅为她的公司扩大了社会影响，而且为她赢得了更多的机会。

由欧阳的一步步成功，我们可以看出，一个在职场上不断成功的人，并不是执着于抓住一次爆发性的黄金机遇，而是把工作本身当作一个机会，每做一步都会抓住一次普通的机会，然后取得最后的突破。所以我们不必费心地去追寻那些千载难逢的好机会，更不必为得不到那样的机会而感到苦恼。得到那样的机会本身就是一种幸运，跟中彩票一样可遇而不可求。成功者应该善待的是身边那些唾手可得的普通机会，如果不能把握这些机会，那么真的好机会到来的时候也未必能够把握。

在一个成功者看来，只要能够认认真真做事，机会随时都会出现。确切地说，机会就掌握在我们每个人的手中，就看我们有没有能力抓住它。机会永远不会告诉我们，“哈，我来了”，也不会无缘无故地砸在我们的脑袋上。所以，空等着机会到来是一件非常愚蠢的事情。因为只有对准备好的人来说，机会才可以被称为机会，而对没准备好的人来说，机会永远不会成为机会。

机会既然就在我们手中，为什么有的人就意识不到呢？这是因为，把握机会不是闷头工作就可以的，它需要多方面的努力。

首先，你要做到的就是认清楚自己。你要搞明白：你是谁？这个问题看起来很简单，但实际上很难回答。因为我们每个人都是平凡而特殊的个体，是一个独特的生命过程。在这个过程中，我们总是在不断变化的，所以，我们需要不断地认识自己、管理自己，给自己定位。

弄清楚自己到底喜欢什么、能做什么不是一件容易的事情。只有真正认识了自己，我们才能认准方向，做自己最擅长且最喜爱的事情，才能真正地把握机会。乔布斯曾经被他自己创立的苹果公司所抛弃，但当他充分了解了自己，弄清楚了自己到底想要什么、需要什么之后，他最终又重新掌控了苹果公司，并叩开了人生的成功之门。

认识自己是一件异常困难的事情，它需要我们一边工作，一边反思，一边总结。对年轻人来说，在这个过程中，不要急于找到答案。如果确信自己已经找到明确的答案，你就可以义无反顾地为自己的理想努力。

认识自己固然重要，但更重要的是要不断挑战自己。许多人会为了一点现实的利益，或者为了追求一种暂时的安全感而不愿意挑战自我。这样的人在工作中为了不犯错，通常中规中矩，严格按照自己的既有经验办事。显然，如果我们一方面不甘于平庸，另一方面却又不能拿出改变现实的勇气，那么即使手中有大把的机会也只能任其白白流失。

一个人在年轻的时候，过于追求安全感不是一件好事。因为我们的社会变化太快，根本没有绝对的安全感可言。更何况，如果选择相对的安全，我们还会丧失应有的活力。

我们都知道鲶鱼效应：鳗鱼装在船里很快就会死掉，但是如果在里面放一条鲶鱼，大部分鳗鱼会存活下来。因为鳗鱼和鲶鱼生性好斗，为了对付鲶鱼的攻击，鳗鱼被迫竭力反击，生存的本能被充分调动，于是得以存活。

我们也都知道温水煮青蛙的故事：当直接将青蛙扔到滚烫的热水里的时候，它会迅即跳出；如果将青蛙放到冷水里，然后慢慢加热，青蛙却会因为意识不到危险而慢慢被热水烫死。

很多人在现实生活中平平淡淡，就是因为他们生活在没有“鲶鱼”刺激的鳗鱼环境里。他们就像被温水煮的青蛙，慢慢适应了不思进取的环境，慢慢变得懒惰，最终一事无成。

只有不做事的人才不会犯错，但只有做事的人才能抓住机会。当我们敢于迎接挑战，并以独立思考的态度去解决问题的时候，我们就会发现无数机会。由于教育体制的特点，我们在学校接受教育的时间虽然很长，但是并没有培养出真正意义上的独立思考的能力。很多人走出校门踏上社会之后，仍然习惯于寻找那些所谓的标准答案，试图用教科书般的思维去解读现实问题。这样的思考方式，无法解决现实中的各种问题，更无法发现机会。所以，我们必须强调独立思考，有意识地去转换看问题的角度和方向。当有了独立思考问题的能力后，我们更容易发现机会。

机会永远在每个人的手里。当我们学着认识自我，挑战自我，同时有意识地培养自己独立思考的精神时，更容易把握机会。而当我们把握好一个又一个的普通机会之后，一定能迎来突破性的成功。

>>> 看清楚你自己的实力，比看清别人更“可靠”

古希腊有一则寓言是这样的。

有一头驴特别喜欢学习，它听说蟑唱歌好听，便头脑发热，要向蟑学习唱歌。于是蟑就对驴说：“学唱歌可以，但你必须每天像我一样以露水充饥。”于是，驴听了蝗的话，每天以露水充饥。结果，没有几天，这头驴就饿死了。

我们身边有许多这样的“驴子”，他们觉得自己很好学，什么都可以学会，当然什么也都能够做好。

如果一个人没有看清自己的实力，只是凭着一时的兴趣和一腔热血去做事，试想结果会比驴好到哪里去呢？感觉在某种程度上是出于一种感性，单凭着感觉去行动无疑会很盲目。

做人应该积极而为，但也要量力而行，看清楚自己的实力，才能够做出最正确的选择。

我曾经受邀给一所大学做过一次“教你如何跳槽”的职场培训。我在黑板上写下几个词语：个人喜好、环境、薪酬、发展方向、经验、能力评估。接下来我询问学生，如果现在有一个可以让他们跳槽的机会，他们认为自己能够跳槽成功的最重要因素是什么？结果显示，44.16%的学生选择了能力评估。他们认为，跳槽最应该考虑的因素是对自己能力的正确认识，要量力而行。

这条原则适用于任何职场人士，不管你做的是哪个行业，每个人都要对自己的能力、专业技能等各方面做最全面客观的分析，要看清楚自己的各项能力和素质是否与所申请的职位完全匹配。首先自己要有稳胜的把握，之后才有可能真正得到这个职位。

通常情况下，如果你要跳槽的目标职位是管理层的职位，那么你首先需要对自己进行如下的分析：

我的从业背景

这其中应该包括我所从事过的行业、我的专业、我的实际工作年限、我的成绩、我的工作经验等。

我的真实能力和水平

招聘单位除了会把专业、经验、技能当作基本的参考之外，还会考察你的应变能力，比如遇到突发事件时，你的应对措施和变通能力，以及是否具有开阔长远的视野，等等。

我的自觉学习能力

企业中，除了对员工进行必要的岗位培训之外，还特别注重员工的其他能力和特长。如果你没有一种自觉学习的能力以及不甘落后的态度，没有一个好的学习习惯，就会遭到上司的质疑。

我的人脉关系

一个管理人员想要升到一定的层次上，必须有很好的人脉关系。如果你不具备这项素质，招聘单位会重新衡量你的管理能力。

看清楚自己的实力，才会让实力变得更强大。你要深信自己的能力，包括自我推荐和勇敢地去担当领导者的角色，而不仅是服从他人。

有这样一个小故事。

有一天，森林里举行了一场选举。猴子提出建议，森林中谁最勇敢就应该选谁为森林之王。这个建议得到了大家的一致赞成。

选举开始了。很久之前就想当国王的老虎第一个站出来说："我觉得自己是最勇敢的，我既然敢站到这里自我推荐，就说明我有信心和能力，你们选我做国王不会有错的！"

熊猫赞成地说："老虎的实力我们有目共睹，他确实值得我们骄傲，我们就选他吧！"

这时，花豹反对道：“老虎固然勇敢，可是当我们遇到危险的时候，他不能保护我们的安全。我觉得大象才是真正适合的，我们选他吧！”

大象红着脸怯懦地表示：“啊！我不行的，我怎么能够担此大任呢？我的能力不如狮子，你们还是选狮子吧！”

狮子立刻跳出来说：“连强大的大象都这么说了，你们相信我吧！我绝对能够胜任这一角色！”

最后，大家通过投票决定让狮子做森林之王。

其实，大象的能力是很强的，而且也足够勇敢，却因为它不相信自己，不敢有所担当而失去了成为森林之王的机会。生活中有很多这样的人，本来很容易就能成功，只要抓住机会证明自己。但是他们因为怯懦和软弱将机会拱手让于他人，自愿做臣服于别人的“跟班”，自己的才华永远被遮掩在了等待和退让中。

毛遂自荐并不是一件不光彩的事。有时候，当你觉得有必要赞美自己时，就要自信地说出来。机会可能只有一次，错过了会终生遗憾。

请记住，只要你相信自己行，你就一定行。当畏惧和退缩试图阻挡你前行的道路时，你要大声喊出来：“我自信，我能行！”

>>> 正确地评估摆在你面前的机会

每个人在向目标迈进的路上都会遇到各种机遇，机会从不对任何人苛刻，即便再不幸的人，他的一生中也会拥有许多次可以改变命运的重大时机。但是，能不能正确地判断和把握机会，决定了一个人能否成功。

弱者只会呆板地等待时机，强者却能够创造时机和判断机遇。

成功固然要靠天才、勤奋、努力等因素，但是能够把握时机并善于创造时机，不因循守旧、不呆滞观望、不轻易退缩又有勇气的人，才更容易造就成功。

有时候，我们会发现一些人的成功没有规律可循，仿佛是在一夜之间走向了荣耀的舞台。但是正如你我所知，成功不是偶然，有的人之所以能够在偶然的机会下成功，只能说他善于发现、抓住并充分利用了一些机会。

西方有句谚语说：机会不会再度来叩你的门。这就是说，机会稍纵即逝，一旦错过了，同一个机会就再也不会出现。

林肯在宣布解放奴隶的法令时，就是抓住了最恰当的时机。那时候安特塔姆战役刚刚结束，林肯在国会上大声宣布："解放奴隶的时刻已经到了，不能再拖延下去了。"他认为，在这个时候公布解放奴隶法令，公众在情感上一定会全力支持他，而他的决策一定会被采纳。为什么林肯会这么肯定呢？因为当时的北方军队已经遭受了接二连三的失利，他感到作战计划已经走到了尽头，他们必须要改变策略，否则就要输了。而他随后颁布的《解放宣言》，就是这种情况下扭转战局的最有力的措施。

《解放宣言》使得美国境内的奴隶永远获得了自由，林肯最后在文件上签字时，坚定地说："在我的一生当中，从来没有像现在这样确信自己是正确的。”正如林肯所说，如果错过这个时机，也许解放奴隶还要再等上几百年。美国内战时，南北双方的对峙就如同在进行一场优势对决的谈判，拉锯过程中，谁最先把握了最佳时机，谁就获得了优势，谁就主导了最终的结果。

生活当中，我们不管处理任何情况都会有一个最佳时机。因循守旧和无止境的等待往往是人们失败的最主要原因。机会来临时，你却在质疑；机会失去了，你才判断出它的价值。如果眼光和判断力一直停留在这样的水平，成功永远不会垂青于你。

在徘徊观望中犹豫不决，是我们成功路上最大的敌人。很多人都是因为看不清摆在面前的机会，错过了或者判断失误了，最终只能与成功失之交臂。

我的老朋友格瑞斯先生，前阵子对我讲述了他因为犹豫不决而痛失了一个大好商机的故事。

格瑞斯通过网上的招商信息看到了一个保健鞋的项目，他很快地拨通了招商网的客服电话。详细地咨询以后，格瑞斯决定进行实地考察之后再做决定。格瑞斯看了产品之后，感觉很满意，但是他对这个产品的销量有所怀疑，所以，他想再详细地考察一下。应格瑞斯先生的要求，在招商负责人的陪同下，他实地考察了附近一家专卖店的营业情况。正如招商公司所介绍的那样，这家店的生意确实非常好，心动不已的格瑞斯一边衡量着投入和收益，一边思考着如何拖延一下时间，以便自己回去再仔细考虑一下。

虽然格瑞斯看好了这个项目，但是他没有马上签订合同，也没有预付合同保证金，所以按照规定，招商公司不能为格瑞斯保留这个项目。当时，招商公司的经理特地给了格瑞斯一个优待，允许他考虑一个星期的时间，如果一个星期内格瑞斯给他们答复，招商公司就可以优先与他签订代理合同；如果在约定的时间内没有收到回复的话，他们就会选择与其他人签约。

过了几天，另一位商人也很看好这个项目，考察了两天后，这位商人当即决定签下这个项目。那时候离格瑞斯与招商公司的约定只差一天的时间。结果，最后一天到来的时候，格瑞斯依旧陷在犹豫中不能自拔。招商公司与那个商人签订了合约。

后来，格瑞斯得知这个商人和自己是一个地区的，并且他的保健鞋店已经开业了。于是格瑞斯前去打听生意如何，考察后，他发现商机确实不错。他打算再次加盟，但是按照招商公司的规定，同一个地区只能签给一家做代理。格瑞斯就这么在自己的观望徘徊中永远地错失了良机。

很多时候，我们所需要做出的选择比机遇更重要。如果不能够正确及时地对时机做出判断，就会永久地与机会擦肩而过。

我经常听到一些想要投资、一直跃跃欲试却始终没有迈出脚步的人发出这样的疑问：

“商机在哪里？时机恰当吗？”

“有什么好的投资项目呢？”

“这么点钱能做什么？”

他们的顾虑永远大于判断。要知道，商业中没有绝对安全的项目，创业是一种极具挑战性的社会活动，不是虚拟世界的游戏，失误了可以重新来过。创业与投资是对“尝试者”本身的智慧、能力、气魄、胆识的全方位考验，要求参与者必须拥有发现商机、判断市场、把握机会的能力。要想成功，这些素质缺一不可。而其中，发现机会、评估机会、把握机会以及善用机会的能力尤为重要。

很多的创业者在面对机遇和选择的时候，像格瑞斯一样缺乏基本的判断能力，他们能够看到机遇，却不能清楚地做出判断。更多时候甚至分不清什么是机会，什么是陷阱。当然，这也与现在有很多虚假项目充斥在市场上有很大的关系，使得一些“初出茅庐”的创业者害怕上当而不敢轻举妄动。还有一些人喜欢盲目跟风，看到别人能够赚钱的项目觉得自己也可以同样赚钱，在没有认真考察的情况下就草草地投入进去，结果血本无归。

>>> 计划与那些可能的“变化”

计划只是你对未来一段时间内一些想做的事情的一个超前的规划，除此之外它并不会再提供更多的价值。你当然可以按照这个计划来做一些事情，你可以根据计划去创业、读书，或准备完成一些较大的梦想。但是，假如你不允许有新的变化，那么你就要频繁地为计划失败而无限懊恼，你只有制订更多的策略来弥补自己的漏洞——那些应对不足的部分。

变化是无处不在的，它虽然是一个不确定因素，却随时可能出现，干扰你已经订好的计划。对于它，你完全没有办法，根本不能将之消灭。幻想所有的事情都按照计划一分一毫都不改变地发生并且完成，是不现实的，甚至是愚蠢的。

也就是说，变化无法防范，我们只能根据变化的程度来进行相应的调整，以保证能够继续完成我们的计划。

从理论上看，由于事物的运作会受到很多不可知因素的影响，因此没有人能够预料到后面会发生什么事情，就像一个人不可能知道自己哪一分哪一秒会离开人世（除非他选择自杀），也很难说清哪一只股票在次日上午的十点钟会上涨多少钱。于是，人们也就不可能让每件事都完全按照自己的计划发展。当然，原则性和方向性的计划是不会改变的，这也是值得我们稍做强调的，以免你走向另一个极端，过于重视变化而完全忽视了计划的价值。

在一本书中我读到了一个故事和相关的分析，它对我们认识到计划和变化的不同意义很有启发。

有四个可爱的小矮人，他们集体生活在一座迷宫之中，奶酪是他们要追寻的东西，也是他们的生存必需品。有一天，这群小生灵同时发现了一个储量丰富的奶酪仓库，于是，他们便开始在仓库周围构筑起自己的幸福生活。

可是，不久后的某一天，他们发现奶酪突然不见了！这个如同晴天霹雳一般的变化使得他们各自的心态暴露无遗：其中，名叫嗅嗅和匆匆的两个小矮人随着变化而动，他们立刻忘记那座储量丰富的仓库，出发去寻找新的奶酪库，而且很快，他们便找到了比原来那个仓库更大更新鲜更丰富的奶酪库；另外两个小矮人——哼哼和唧唧，他们在面对变化时却犹豫不决，烦恼丛生，他们整日地守候在已经消失的奶酪库旁边追忆和抱怨，好像永远都走不出奶酪库凭空消失的现实。

不过，经过了一番激烈的思想斗争之后，唧唧终于冲破了自己的抱怨，在饥饿和希望中，他重新进入漆黑的迷宫，最终找到了更多更好的奶酪。而那个叫哼哼的小矮人呢，却仍然在失去的痛苦中煎熬着，直到被饿死。

在这个故事中，我们看到，本来这四个小矮人是遵循一个固定和可行的计划生存着：有一个取之不尽、用之不竭的奶酪仓库，他们只需要每天按时在这里取用奶酪就可以了。但当事情发生变化时，同样的行动就不再可行了，他们要做出选择。

面对突如其来的变化，嗅嗅和匆匆跟随变化的脚步行动，他们坦然地面对奶酪失去的事实，立即重新寻找新的奶酪。哼哼和唧唧的态度则与他们迥然不同，他们面对变化，消极犹豫，既不愿意相信已经发生的事实，也不愿意去寻找新的奶酪，整日郁郁寡欢，渐渐变得颓废沮丧，直到丧失了所有的勇气和激情。当原来的计划需要变动时，他们不知所措，陷入一个漫长的调整、适应甚至迷惑的过程。唧唧终于战胜了自己，也适应了变化，调整策略，重新找到了奶酪；哼哼却始终不能醒悟，成了计划中变化环节的牺牲品。

在分析这个故事时，我们会发现里面的几个角色其实代表了生活中人们面对变化时的不同表现：

嗅嗅：遇到变化时，能够及早地嗅出不一样的气息。

匆匆：能够果断迅速地采取行动。

哼哼：因为害怕变化，所以故意或者刻意否认和拒绝变化，这反而使事情变得更糟。

唧唧：看到变化时，能够及时地调整自己，并积极地适应变化。

在这个故事中，“奶酪”其实是对我们所要达到的目标的一种比喻，这个“奶酪”既可以是一份工作，也可以是健康、财富或者爱情，它是我们生命中一直在追求并渴望得到的东西。而“迷宫”则是我们在追求目标的过程中所需要花费时间和精力的地方，是挫折和变故的象征。

面对危机时，聪明而有远见的人会勇敢坦然地接受改变，制订出合理的调整策略并果断地采取行动。在危机面前，唯有把握机会，负起责任，才能尽早地掌握情势变化，化险为夷。随机应变是每个人都应该具有的素质，遭遇突变时，如果只是束手无策，就会导致更大的危机——这种危机会在繁荣的泡沫中滋生，并在你缺乏灵活可变性的时候突然爆发，没有任何预警。

那么，当计划面临变化，需要我们重新调整时，我们应如何应对这种变化呢？

一、忽视他人的“脸色”

很多人输给了自己灵敏的观察力，当他们看到别人稍微皱皱眉头或者清一下嗓子时，就嗅出了“反对”和“抗议”的信号。他们害怕这种信号，一发觉与自己不同的声音就心生畏惧，准备退缩和逃跑。如果你也有这种表现，很显然，你的决心已经被他人的脸色所动摇。

二、外在因素不能成为牵制你的理由

我认识的很多高级主管人员，他们的决心往往会受到外在因素的影响。这些外在因素通常是财务压力、客观环境，等等。如果你选择削足适履，最终肯定无法实现计划和理想。

如果你需要为一个项目筹募善款，但是各种因素阻碍你达到目的，此刻，你千万不要轻易放弃。也许很多事物是我们无法掌控的，比如通货膨胀和经济危机，但是我们可以绞尽脑汁，想方设法，总有一条路会助你走向成功。

三、不要“画地为牢”

如果你仔细地观察那些总是裹足不前的人，会发现他们通常把自己摆在了不正确的位置上。他们喜欢给自己的目标设立种种障碍，比如，当他遇到一个机会时，总是会在第一时间产生这样的焦虑：

“我没有受过良好的教育。”

“我没有良好的人脉关系。”

“我没有足够的资本。”

“我不具备那样的专业能力。”

千万不要被自己筑造的思想藩篱所阻挡，不要刻板遵循教条和经验，这种禁闭的思想只会让你更加不相信自己。

四、不要轻信一些片面的言论

很多言论源于人们的私心，是谎言，是欺骗，甚至是攻击。正如有一种言论说亚洲、非洲的民族不如其他民族优秀，如果你相信了，那你和其他没有独立思想的人一样，是个傻瓜。

五、不要沉湎于过去，也不要沉浸在幻想中

仔细查看你的钱袋，你一定会发现，你的很多灵感和财富流失

在“杞人忧天”中。沉湎过去让你看不到未来，沉浸于幻想让你看不到现在。

每一个远大的理想都是在嘲讽和质疑中实现的，千万不要再为自己制造“敌对”的声音，如果连你自己都不相信自己，那理想的实现终究只能成为一个笑话。

六、挫折无法阻止你继续努力

如果你正在实现理想的道路上，你肯定会发现自己遇到了以下问题：我几乎不能应付人事问题，我无法轻松地统筹运用资金，人们开始质疑和疏离我……每个人都会遭遇挫败，如果你经不起考验，很快你就会被淘汰出局，这正是你的敌人所希望看到的。

七、不要透支身体

身体是我们最宝贵的财富。如果你感到疲倦，请暂时不要做决策。因为错误会钻劳累的空子。

八、失败并不可怕

如果你同时怀着多种恐惧，那么你其实什么都不用害怕，因为你只需要克服一项恐惧——失败。当你害怕失败时，请这样告诉自己：

“我愿意一生碌碌无为吗？不是的，我宁愿因努力尝试而失败。起码我是一个值得尊敬的人而非怯懦的胆小鬼。”

正如那些为了实践诺言，虽然深知将遭遇险境仍勇敢地赴汤蹈火的人，他们注定失败，却全力以赴。很多参加公职竞选的人，也许他们的初衷十分伟大和崇高，是无论他们做得多好，依旧会遭到人们的诋毁和批评，这是他们必须要经历的痛苦。不管结果如何，只要他始终怀有最初的梦想，坚持到底，就是一种胜利。很多时候，我们真正要打败的敌人只有自己。

九、请记住：无论情况多么出人意料，都不要惊慌失措

你看那些在险境中轰然倒塌的高墙，平日里都是操控全局的高手。当灾难突然出现时，他们抱头逃窜，惊慌失措。这使他们的一切光辉形象都荡然无存。

十、放手吧！不要盯着瑕疵和不足

人们总是喜欢挑剔：“恐怕太花费时间了吧”“消耗成本太高”“是不是有点迟了呢”……很多美好的理想就这么被扼杀在摇篮中。如果一点小问题都能成为借口，你就永远不会走上执行的道路。请不要抓住那些小瑕疵不放，因为提出问题是为了克服它和解决它，而非为了阻碍计划的实施。

十一、不要轻易被当前确定的或假想的事实打败

人们总是侧重于相信专业数据。比如你今天失业了，恰巧看到一组失业统计数字，你一定会这样感叹：“天啊！要发生经济危机了吗？就业这么困难，我的生活该怎么办！”统计数字虽然会影响你的情绪，但请不要完全被打败，而应该将之视为一个不怀好意的恐吓。

有一位著名的心理学家曾经说过：“态度比事实更为重要。”你要有自己的判断能力，积极乐观的态度可以帮助你。

十二、不要轻信他人的预测，哪怕他很专业

有些人常会在别人的耳边说下面的话：“哎呀，情况真是糟透了，而且会越来越坏的。”“这件事真的是一个好机会，你只要听

我的，很快就能发财了！”请相信，如果你轻信了这些观点，你要么将错失机会，要么就走上了下坡路。就算你的身边全是专业人士，也不要盲目听信他们的预测和分析，你必须拥有自己的主见。

十三、不要惧怕你的敌人

永远都不要惧怕你的世界中的敌人，也不要太过在意他们。归根结底，他们对于如何解决你的问题并不感兴趣，他们只关心自己，所以你也要更加关注自己内心的体会，增加自身的能量。

十四、不要让事情的决定权控制在你的亲友和朋友手中

朋友能够提供给我们很好的建议，他们也会在讨论观点时提出不同的想法供你参考。这是朋友和亲友们共同的价值，但是你千万别把决定权交到他们的手中，任何人都绝对不能替你做出最后的决定。

我们自己承受着最后决定的结果，承担这个责任，并且执着于我们认为自己应该做的事情，忠实于我们心中的理想。这是独属于你的心灵主体的权力，也构成了我们的心灵能量的基础。

>>> 从构想到现实的过程

计划、想法、蓝图等从初期的构想到具体实施，然后成为最终现实的过程，便是“构想的现实化”。就像你设计了一座美丽的房子，它在你眼里无疑是一座有史以来最漂亮的建筑，但只有想象远远不够，你必须把它变成所有人都可见的现实。你要运来石料和木

材，把它盖好并且保证它可以安全地居住。它还要能抵御七级大风，经得住暴雨和地震，这才算完成了从设想到实现的全部过程。

构想能否完成，不但取决于一个人的能力——我们知道，有能力的人到处都有，但未必能力强的人就一定有用，因为更重要的是这个人对于过程的把控力。这对心灵素质的要求往往更高，就如同一个好医生必须心理素质过硬，同时拥有美好品德，而不仅仅是医术高明。

人的意识是具有能量的，我们的意识结构、知识结构和思维结构都可以转化为能量的运作。同时，不同的结构又具有不同的能量值。而心灵意识的思维过程，正是“能量”的转化运动过程。这也是“构想现实化”在我们体内微观运行的本质。

我们做事的过程就是将一个虚幻的构想转化成可见现实的过程；也就是将一种信息和意识状态的能量转化为现实状态的“物质结果”。

我们做事的过程是能量由弱变强、由隐变显的过程。

能量能否成功转化，以及转化的程度则是评判一个人是否成功的标准。

一个人对于信息的构想是有能量的，在这个构想的过程中，我们的全身都在参与工作，产生并消耗能量。而构想的结构是否完善，条理是否清晰，与现实是否相契合，以及启动的程序是否科学，等等，都对我们的心灵素质提出了极高的要求。这与知识有关，但更与心态密不可分。

人的构想越清晰，他的意识能量和信念就越强，两者互相影响，体现在做的事情上，计划变成现实的速度就越快。

因此，当有人问我怎样才能将理想变成现实时，我经常对他们说："一个人能否成功的关键，是他将自己的知识、信息、经验和深度分析的能力综合运用的结果。是他的心灵决定身体、心态主宰命运的结果。"这就是为什么一个冷静的弱者比一个冲动的强者更容易成大器，因为前者懂得将微小的计划变成现实，后者却容易稀里糊涂地就将一个宏大的设想给搞砸了。

从构想到现实的过程具体包括：

建立构想的目标和预期（包括心理和现实预期）

这是第一步，因为每个人在做任何事情前都要有目标和预期，如果没有这个前提，你将一事无成或只能等待撞上大运。就像盖房子一样，之前你必须有一个期待：房子将盖成什么样。然后有一个计划：我将用多长时间把它盖起来，然后才好去打地基。

机遇和相关的知识结构搭建

两者均不可缺少。你要有恰当的机遇：这时可以做这件事了。同时要考虑，你的技术能力怎么样？知识结构是否合理？你必须由目的和目标牵引，去触动自我的知识结构，收集和准备信息，来补充心灵及身体的能量。这一步可能是最关键的，也是在做任何事情之前都非常必要的步骤。

强化我们的思维结构

当我们采集与计划相关的信息，进行论证、分析、判断和选择时，思维结构的强化非常重要。只有做到这一步，构想搭建的前期准备阶段才算顺利地完成了。

认可自己的思维并且找到内在的核心

自信是多么重要！你必须对自己的思维充分认可，要拿出十足的理由加以说明：“我可以完成计划，这是我的计划，也是我的功业，我对它完全信任！”以此逻辑作为行动的支撑点，你将能体会到内在的核心力量。

指导现实构建的理念和价值观

此时即将开始执行计划，但仍需有至关重要的一步。我们需要在信息的基础上总结观点，在原理和驱动力的推动下，形成我们关于现实构建的指导意见。即，要遵守一些基本的原则，要有一个价值观去控制我们的心灵和身体。

构想开始时，去找到特别和关键的信息，对执行做出判断，形成初步的、模糊的现实构想结构，也就是形成一份蓝图

虽然可能你的信息量不足，但设想已经开始了，执行的过程也是信息增加的过程。一份蓝图已经摆在面前，这时你的工作是补充它和认可它。如果需要纠正，也要毫不犹豫地去做。

初步的计划方案形成了，前景已经可见

这时，你可以大胆地行动了，迈出的每一步都有据可依，不是盲目的。因为所有的结构都很稳固，事情的准备阶段决定事情的成败，计划的好坏导致结果的良莠。没有谁可以在计划混乱的前提下将事情做好。所以，当计划制订得无可挑剔时，就意味着前景一片大好，这是真正的值得乐观的步骤。

现实的实施，发挥你的影响和指导，展示效率

在行动过程中，你应着重于构想的执行和计划的完成速度，以

此展示你的行动效率和胜人一筹的全局把握能力。计划的根本作用，正是对我们的行动进行指导和规范，使其在理性和条理的框架下，让我们的做事更加高效。

注重经验和信息的回馈

这一步对于加强和改善我们的结构势能至关重要，你会发现几乎所有的成功者，他们在做事时都在不自觉地关注与自己所做事相关的信息或经验并进行总结，然后拿出更好的办法。

调整和修正你的计划，让它趋于完善

根据经验和信息的回馈，对计划进行调整。如果有些地方是错误的，那么改正它；如果有些地方需加强，那么清晰而又坚决地去补充能量。

回顾你的目标和预期，对比并再次完善

循环的过程开始，从现在的进度，去回看当初的计划，参照对比，找出哪些事情是你遗忘和不满意的。如果没有意外，这时我们已经完成了构想的现实化过程。而在这个过程中，你的能量始终在冷静的思维的指导作用下释放，其中你的智慧和心力起到了决定性的作用。

在我们生活在这个世界上的每一天，大大小小的各类事件就是在不断地经历着这样的构想现实化的循环。这是一个动态的能量释放结构，主宰整个流程的是富有生命和灵性的心灵的力量，是我们内心的“神性”和“灵性”，是无与伦比的意志力。在现实之前进行构想的水准，我们可以从中看出一个人的智慧层次和前瞻性水平，以及意志力的强弱。

Part 10

隐忍力终极提升课程

控制训练：控制自己的心灵与行为

平衡训练：拒绝愤怒的情绪

抗压训练：承受力和规划力的提升

心态训练：淡定是如何炼成的

>>> 控制训练：控制自己的心灵与行为

无论在什么时候，我们能够完全控制的都只有自己，而不是外界因素。

总有一些无法预料的人和事是我们战胜不了的，无论你多么富有决心和技巧，使用何种手段。但是，“控制自己”是一个可期望并有足够能力达到的目标，只要你转换思考的角度。

这一提升训练的目标是，我们在复杂和无法预料的情境中可以很好地控制自己的反应。这将意味着当事情到来时，我们更有机会主动地影响事态的发展方向，而不是任由其失去控制，自己却无能为力。

曾经参与了华尔街游行控制的一名美国警察告诉我：控制自身

对于恐惧的反应是控制骚乱人群的最为有力的“武器”。

他讲述了自己处理此事的全过程：

我们会穿着防暴制服，全副武装地出发。警车会把我们送到暴乱发生的地点。之后，我们走下车，排队慢跑，找好位置，然后站成绝佳的队形，面无表情地站在汹涌而至的暴乱者面前。

在看到我们的时候，暴乱者通常会十分愤怒，他们冲向我们，大声喊叫，并向我们掷出非常多的砖块和瓶子。我们会纹丝不动，手持防御盾牌，挡住这些飞过来的东西。

我们所受到的训练内容要求我们绝对不能生气，始终保持不悲伤、不害怕、不激动的状态，面无表情地站立。在这个过程中，我们就能见证这种方式对于暴乱人群产生的影响。

在他们的头脑中会产生不确定感，之后当然会大声地辱骂我们，继续扔东西并将矛头指向我们。我们则一直站在盾牌后面，躲避投掷物，但是脸上不会有丝毫的感情变化。

这时，我们会发现他们的心理状态在一瞬间突然转变了，他们脸上狂妄自大和公然挑衅的表情慢慢消失，然后转变为大惑不解和犹豫不决，直到完全变成一种惧怕的情绪。

他们一定在心里想：警察怎么可以如此克制和机械，什么表情也没有呢？这种情况下他们至少应该害怕啊？换成我绝不会这样的，我早就扔下盾牌脱下警服跑掉了。警察真是疯子。

我们在心理上占据了上风，队长这时会命令我们全部列队跑到暴乱者的面前。这样，恐惧的他们此时无法再保持紧密的团结了，他们纷纷退开，做鸟兽散。

整个过程中，我们只需要做一件事，那就是集中精力控制自身的反应，而不是去试图控制那些失去理智的暴乱者。因为我们知道，只要控制住了自己的反应，就有把握将整个局面控制在自己的手中。

很显然，这名警察面对的是万分麻烦的局面，就如同面临冲天大火，你手中却只有一桶水，非但灭火不成，自己也有可能遭火吞噬，丢掉性命。他们身陷于成千上万名情绪激动的暴乱者当中，这种情况是十分吓人的，他们的生命受到了巨大威胁。

他自己当然会感到害怕，而且理应感到害怕，所以他需要控制自己的心理和行为。只有这样，他才能战胜恐惧并控制事态。

面对此情此景，一个未经训练的警察，很可能冲动地向暴乱者开火，或者贸然发射催泪弹，进而激化对面的怒火，引发不可控制的灾难。但若经过了严格的训练，他就能像一根钢筋一样保持冷静，不动声色和近乎“冷酷”地将局面压制在可控的范围内。

我们在感到恐惧或其他情绪时，行为失控是十分正常的，但最重要的一点是，我们必须接受事实，不管它有多么糟糕。你控制不住事情的进展——这不是你能预期的，只能无条件接受。

你无法直接控制他人的反应，但你能掌控自己的行为。因为我们都是自己当之无愧的主人。

在使用一些必要的技巧来控制情绪和行为时，切记的一点是不要把事情复杂化，有一个非常简单的心理程序和应激机制是非常必要的。如果操作和设想过于复杂，一旦情绪激动起来，你很可能就会遗忘设想好的所有步骤，从而陷入无法预测的行为失控中。

第一步是监控自己的姿势。无论走姿、站姿和坐姿，我们都要长期保持端正，这将使你信心倍增，给自己的心灵灌输进一种“纪律”的命令和概念，形成思维习惯。姿势训练可在每天的早晚进行，每次拿出十分钟的时间重点练习，强化内心的纪律意识，以强化自己的意志力。

第二步是眼神训练。在面向他人时，一定要跟对方保持眼神的接触，树立自信和坦然的心态。这让我们学会不回避问题，有事发生时，我们可以习惯性地正面解决，而非刻意逃避，或轻易地暴露内心的怯懦。

第三步是呼吸训练。我们每天拿出至少三次的时间来进行每次三分钟的深呼吸和放慢呼吸的训练，所以这个训练又叫作“三三”法。因为需要你每天三次，每次至少三分钟。调整呼吸的节奏，有利于我们平静心态，同时能够使大脑尽快充氧，帮助我们做出更明智的判断和选择。事实证明，在呼吸急促、大脑缺氧的情况下做出错误的反应是极其常见的，懂得平稳自己的呼吸进而理智地想清楚问题的人少之又少。后者才是堪任领导者和承担大事的人，我们把这类人称为“天之骄子”。

第四步是表达训练。我们在交谈时要做到有条不紊地表达自己的观点，过于急迫和过于缓慢都不合格。我们可以每天在家中对着镜子练习。假设镜子是你的表达对象，你在腹中打好草稿，然后训练语速和语调，直到找到最好的表达模式。

第五步是调整不适感训练。不适感我们常常都能体会到。不仅是天气的突然变化导致的身体不适，更常见的是，事情的不顺利

（不符合我们的想象和期待）常会让你大为恼火和异常沮丧，从而做出不理智的反应。当你在生活中感到不适时，你首先要考虑是不是自己出了问题，不要急于让他人为自己的错误埋单；其次你要将关注焦点从“得失”转移到对于事情过程的享受中，你要习惯于安抚自己：“我感到很不舒服，是因为我的心态出了问题，其实事情并不糟糕，我只要换一个角度就好了。”

在整个控制力训练的过程中，我们至少应拿出七天的时间进行集中的强化和暗示。像吃饭睡觉一样让这一良性的应激机制成为本能。我们要集中精力专注于对自我的控制，将外在的因素从内心中剔除，把它们驱赶出去。

在你控制自己的行为时，你同时可以观察对方的反应。作为长期训练的一个环节，它可以测试你的控制力度是否有效。如果对方突然改变了原有的行为或策略，向着你期望的方向发展，就说明你的自我控制行为已经影响到他，或至少起到了一定的效果。

请相信，此项训练的收效是巨大和长期的，你能因此获得抵制恐惧和消极心理的能量。在有强大压力的情况下，你可以通过此训练极大地消解内外的压力。尽管你仍会感到害怕、畏惧和紧张，但是你要相信自己完全可以体现出良好的适应力，并表现得更加镇定。

>>> 平衡训练：拒绝愤怒的情绪

无论在什么时候，愤怒都不会对任何人有所帮助，包括我和你在内，无论我们多么优秀。

因此，拒绝愤怒是一种必然的选择。但是，压抑自己的怒气并不容易，因为每个人当时都有一种“我要发泄一通”的冲动。强制压抑它的释放也不是聪明的选择，必须选择疏通和化解的方式。

为自己建立和形成一个固定的释放渠道，是实现情绪平衡的最好办法。

有一次我回北京参加一场商业活动，用完晚餐后回酒店。与我同车的一位公司女老总，突然要求停车。然后她疾冲到路边，对着天空大喊大叫长达两分钟。

同车的另一位人士很惊讶，但我十分明白发生了什么。作为一家公司的负责人，她无疑是优秀和理智的，否则不足以坐到这个位置。当她内心郁积的情绪和怒气需要爆发出来时，是这么的强烈和难以控制。当然，她也擅长在适合的时间和场合发泄自己的不良情绪，但不是在正式场合发泄。

第一个步骤：明白自己生气“到底是为了什么？”

生气有时难以避免——但问题是当你陷入愤怒时，你将如何展开后面的行动？

我们的第一反应不能是设计如何回击和报复，因为这样做并不会让我们的心情平静，反而会让事情变得不可挽回。

正确的做法是，我们首先思考怒气的来源，并想清楚我们最终的目的。当你能将理性放在首位时，你就能看到事情的本质，知道自己想要的到底是什么。

1. 承认自己的痛苦，但并不转嫁责任。

2. 要做一些事情，但必须把我们柔软的一面展现给那些伤害我们的人，而不是展示强硬。

第二个步骤：明白自己“到底想要什么？”

建立一种自我疗伤的心灵机制，确认目标并付出你的同情和理解。看清计划对于我们来说更有利于释放怒气，就像当你知道，你的目的是走进这座城市而不是跟城门口的石狮作对时，你的心态将变得从容冷静。

试试思考下面这三个问题：

1. 他们为什么这样做？（指的是惹你生气）

2. 以后我应该怎样来防止这种伤害再次发生？（思考对策）

3. 这些事情如果再次发生，我应该怎样调节自己的心情？（明白什么才是最重要的并总结方法）

即便在训练和调整取得显著的成效时，各种各样的伤害仍然还会存在。它们当然不会消失。但这些情况正好有利于我们检验成果。无论你遇到了多么大的伤害，比如被朋友或者爱人背叛，受到客户的欺骗或者碰到了窃贼。我们不可能总是抑制住自己的愤怒，但应尽力将愤怒降到最低，进而做出理性而有效的决定。

第三个步骤：采取正确的方法来消除怒气：“让它消失不是最重要的吗？”

1. 想一想别人给过你的好处，再来思考他现在的做法。

2. 在你对一件小事做出过激反应之前，先问问你自己：“这事情真的很严重，值得我这样光火吗？”

3. 试着去理解为什么这件事情会发生，你可以找找自己的责任。

4. 怎样才能把这件事情变成一次好的经历呢？我能从中学到什么？

5. 在和别人讨论分歧较大的问题之前，出去走走，让自己冷静下来再进行交流。

6. 把你的眼光放远一点，明确最终目的，然后采取一些措施来驱除你内心不能接受的愤怒。

7. 问问自己，怎样做才能让事情变得好起来呢？

8. 要有耐心，不管面对任何事，包容你的对手，将隐忍视为一种强强联合的策略。

9. 保持一种及时做事和事先准备的好习惯，这样当你遇到事情时，你就不会着急，因为你有足够的时间来处理。

10. 尽可能多地保持微笑，一直到变成一种习惯。

11. 始终待人友好，要将之作为原则。

12. 善待自己，理解自己的失误。

13. 多想象一下快乐的场景，这通常比悲观的分析来得容易。

14. 实在不能接受时，暂时退出，让自己休息。

15. 对于自己的反应要有足够的预警能力，然后你才能做出改变。

我们可以将之作为一种每天的训练计划，坚持下去，直到你发现自己渐渐地变得更富有同情心，而不是更容易生气。这样的长期训练将会极大地改善你的生活，不但能让你活得久一些，还可以使你更加幸福。

你会真正地平静下来，并发现自己的行动是如此富有影响力。

>>> 抗压训练：承受力和规划力的提升

>> 心灵的抗压训练

第一步：勾起你的“坏想象”。不要回避这些坏的想象。你要把那些可能会引起你的紧张和恐惧的各种场面，在脑海中进行挑选，然后根据从轻到重的顺序，将它们列出来，写在不同的卡片上。顺序是，恐惧程度较轻的放在最前面，最让你感到不安和恐惧的则放在最后。

第二步：心灵的松弛训练。让自己以一个舒服的姿势坐在一张椅子或沙发上，先进行放松和深呼吸，使内心达到松弛和平和的状态，然后拿出第一张卡片，在松弛状态中想象该场景。在这一步骤中，你要尽量将其想象得无比逼真，就像身临其境一样。这么做的目的是体验压力，将它全部压到心灵之上，感受它的重量。

第三步：深呼吸和“不安”的重复训练。如果这样的想象会让你不安、害怕和紧张，你可以暂停——深呼吸——再次松弛。然后重新开启想象，一直重复体会不安，直到这张卡片上的情景对你来说司空见惯，不会让你感到紧张和惧怕为止。“哦，不就是如此嘛！我一点都不紧张了。”出现这样的念头时，就意味着你已习惯了这些想象。

第四步：结束并且开始新的想象阶段。根据同样的方法和步骤，继续下一张卡片，开始想象更让你害怕和不安的场面，直到达到第三步结束时的效果。结束的标准应该是这张卡片上记载的内容对你来说无足轻重，你丝毫不会对它产生惊讶和害怕。否则，就不要进入下一个阶段。

第五步：驱除恐惧训练。此一训练的根本目的是驱逐内心的恐惧，使得心灵在面对压力时能够轻松应对。让我们担心和不安的场景经常会给予心灵沉重的压力，解除压力的本质就是将恐惧赶出你的头脑。当恐惧消失时，压力也就随之消散了。

>> 人生规划力提升的训练

第一，让自己变得更善于做整体的规划。

如果你对于任何事情能做到一切尽在掌握，内心保持淡定，本身就能很好地缓解你的压力了。这需要你可以有选择地而不是被动地接受你所面临的各种事情，也就是根据事情的重要程度列出计划，规划它们的解决流程，直到最终的规划和执行都让你满意。

这不但能让你轻松，还可以帮助你将看似没有头脑的一堆问题变得清晰而富有层次，解决起来也相对容易了许多。按照有序的规划做事，会给你带来充足的成就感，从而减轻大脑的压力。

第二，当你感到困惑时，应及早进行倾诉。

聪明人在感到困惑和难过时，如果自己无法解决，会毫不掩饰地寻求朋友的帮助。憋在心里只能将压力扩散到全身每一个细胞，然后使身心逐渐不堪重负。这种求助可以是一种倾诉，也可以是其他的请求。

倾诉是释放压力的最常见也是最有效的办法之一，它能释解内心的焦虑，还可以在短时间内得到朋友的实质相助。因为人们在倾听的同时往往会对你提出好的建议。

第三，无论面对任何事，都尽量保持乐观。

你要坚信，事情总能朝着你所期望的方向发展。即便事实正好相反，你也要学会从另一个角度看待糟糕的结果："我已经尽力了，我做得足够好了，不是吗？换成别人，可能早就举白旗投降了，而我坚持到了现在！"及时的自我鼓励和肯定会让你轻松面对任何结果。

挑战总是时刻存在。但我们不管面对多大的挑战，都要以最乐观的心情去想象最好的结果。这可以帮助你较快地调整状态，尽量不受负面因素的影响，集中精力，去发挥出你全部的能力来解决问题。

第四，从不耽搁和迟延任何事情。

让自己变得从不拖延，凡是能在今天办完的事情，不要拖到第二天；可在当时办完的事情，不要拖到几个小时以后。这是一个好习惯，真的实现却不容易。我们的许多心理压力，往往是由于被搁置和拖延的事情太多了，而不是事情太难。

你不妨给自己下达"最后通牒"：五分钟之内如果不把这件事情做完，事情就变得糟糕了！如果真的这样，责任将完全由我来承担，怪不得任何人！在规定的时间内不要对未来的时间心存侥幸，告诉自己未来已经安排了更多的任务，完全没有做当前这件事的空间。坚定决心之后，处理事情时就能变得果断和迅速，在潜意识试图拖延和偷懒时，就可产生较强的动力来阻止潜意识的懒惰。

第五，训练“分配和管理”任务的能力。

要懂得怎样分配工作和去管理别人，而非事事亲力亲为。否则，一个人独揽一切的结果就是承担巨大的压力，最后既完不成工作，又损害了身体。转移压力给你的同事、上司或客户，利用集体智慧处理事情，能让你变得更加轻松。

第六，每天都做几次深呼吸。

这一点在控制力训练中我已经提到。日常的深呼吸对于身体的巨大好处是不言而喻的，它能将一个人可以感觉到的压力水平减半，甚至完全释放压力。

在深呼吸训练中，你首先要挺直后背，两肩放松，然后由鼻子将空气深深地吸入肺部，再集中精力感受空气渗透到每一个细胞的感觉，进而全力将空气呼出。

在这个过程中，你要想象自己体内的压力正随着气流一起排到体外。它既是一次对于氧气的补充过程，又是一次体内的情绪垃圾排泄的过程。不停地暗示自己：每次深呼吸都可让我们的肌体健康度提升一个数值，“我的身体更加健康了，我再深呼吸一次，会更加健康，我的心情会更加愉快！”

第七，经常性地想象一下美好前景。

面对挑战时，你可以先幻想一下解决问题后的美好前景：“一个月后，我就不必为这事苦恼了，因为那时已经解决了”，或者“这件事注定是可以做成的，虽然现在有点难熬，但几个星期以后，我就能够品尝成功的美酒了”。

这种将情景推向将来的假设，会让你突然发现这件事情原来根本不是难题，于是逐步让眼前的压力得以缓解或者释放。

第八，在必要时要立刻说“不”而不是“可以”。

感到有些事情你的确力所不能及时——勉强承诺会让你承受无法忍受的压力从而陷入崩溃，那么你须坚定地对它们说“不”，而不是“我试试吧”或“我能行”。

委婉的拒绝需要勇气，却是最正确的选择。你可以坦诚地对他说：“啊，先生，我确实很想帮你，但我手头还有另外的事要办呢，真是对不起。”在你分身无术或无能为力时，要与“一味逞能”说再见。我们在拒绝别人的时候，不一定要把原因解释得非常清楚。所以，你并不需要认真考虑如何解决问题，只要清晰地表明态度就可以了。

第九，为自己找到一种合适的娱乐方式 。

这是对一个人最为简单的要求。但是，又有多少人能够做到呢？人们不断地抱怨自己太累了，可是当他有大把时间可以休息时，最后往往还是选择了一些会让自己感到劳累的事情。比如，有些人在加班结束回家后，本可以听听轻音乐、泡个热水澡，然后睡觉，他却选择了上网打游戏或者通宵看电影。

你会发现，那些承受力强的人总能安排出一定的时间尽情去做和工作无关而又一直想做的事情。高尔夫球、音乐、话剧、出游，甚至只有半小时的室内跑步锻炼，这些都是很好的减压和娱乐方式，同时也是人生规划的一部分。因此，你要为自己寻找一种适合的娱乐方式，不但可以释放压力，还可以保持生活的激情，做到劳逸结合。

>>> 心态训练：淡定是如何炼成的

我们的生活当然离不开消极或者积极的情绪，它是我们对外面世界正常的心理反应。人们总是很难一直保持一颗平常心，即便圣人也无法做到。平和心态的养成训练的目标，是让你能够成功地摆脱“情绪的奴隶”状态，做到不让消极情绪左右你的生活，在面对问题时能够心平气和地理性思考，做到“隐忍”而又不“悲观”。

将“紧张”迅速转移

当你感到火气迅速上涌时，你会怎么办？第一选择不是去压制它，而是转移当前话题或者去做别的事情，分散注意力，让紧张的情绪得到缓解。看电影、听音乐、下棋或散步等都是可选择的方法。如果缺乏上述条件，你也可以找本书看。

及时的宣泄和疏导

如前面所言，当你在心中有不愉快的事情或委屈时，憋在心里是最坏的办法。你要学会向知心的朋友或者亲人倾诉甚至是大哭一场。这种强烈的发泄方式能够快速地释放积于内心的忧郁，让情绪恢复平衡。不过，你要挑选发泄的对象。如果选错了人和地方，反而会让你和对方都陷入尴尬的境地。

节制自己的语言

在发现自己情绪激动时，你可以在语言上进行控制，比如将“保持冷静”“不允许发火”“要注意自己的形象和影响”等词句口头表达出来，让自己知道这样做的后果，然后警告自己不要说出过火的语言。

经常性地运用自我暗示

暗示在这里的价值在于，你能很快找到理由，来说服自己不要产生动荡的情绪。这个方法的本质就是寻找一些理由，告诉自己这没什么，事情并不是看到的这样，因为你已经找到了“证据”。比如，当你因为丢失了手机而责怪自己时，你可以在心里对自己说：“公交车上太挤了，人那么多，换成别人也没有办法阻止小偷。”从而使自己冷静下来，将这件事情看成是在那种环境下必然会发生的结果，而不是自己的失误。

多想想那些愉快的记忆，这对你很有帮助

请每天抽出固定的时间回忆愉快的事情，尤其是发生在过去的让你感到骄傲和自豪的“壮举”，这能让你体验成功时的愉快和满足，使你看淡眼下的困境——假如它正在发生的话。此时你会想：“哦，这没什么，我已经得到足够好的成绩了。”

转换一下环境

环境对人的影响非常大，因此每当你发现自己正处于剧烈的情绪状态时，要暂时地离开激起情绪的环境和有关人物，到一个安静或者环境条件与此地完全不同的地方，借助新环境的影响，来摆脱旧有信息的刺激和困扰。

变得幽默和风趣

在生活中，我们需要不断地增强幽默感，幽默和风趣可以让我们学会自嘲，采用委婉与平和的手段，将内心的不良情绪释放出来。如果你能在众人面前讲几个笑话，或者用幽默的语言转换情境和引导大家的情绪，你的公众形象的提升是不言而喻的。更重要的是，这对你自己来说有无与伦比的好处，能帮助你更加稳固地掌握内心的情绪，形成一种良好的心态。

寻找真正适合于你的兴趣

许多人在感觉自己不受重用或身处逆境时，都会有一种被人瞧不起的苦闷心理。如果不能及时排解，就会受到情绪压抑的困扰，进而怨天尤人。此时最有效的释放方式不是强化这些“被人否定”的东西，而是借此机会，寻找自己真正感兴趣的领域，通过“证明自己在另一方面的能力”来改变处境，同时改善心境。

图书在版编目（CIP）数据

隐忍力 / 苏祺著.—长沙：湖南人民出版社，2012.12
ISBN 978-7-5438-9052-7

Ⅰ.①隐…　Ⅱ.①苏…　Ⅲ.①成功心理—通俗读物
Ⅳ.①B848.4-49

中国版本图书馆CIP数据核字（2012）第300419号

©中南博集天卷文化传媒有限公司。本书版权受法律保护。未经权利人许可，任何人不得以任何方式使用本书包括正文、插图、封面、版式等任何部分内容，违者将受到法律制裁。

隐忍力

作　　者： 苏　祺
出 版 人： 谢清风
责任编辑： 胡如虹
整体监制： 一　草
特约编辑： 刘　霁
版式设计： 姜利锐
封面设计： 主语设计

出版发行： 湖南人民出版社 [http://hnppp.com]
地　　址： 长沙市盘营东路 3 号
邮　　编： 410005
经　　销： 新华书店

印　　刷： 北京鹏润伟业印刷有限公司
版　　次： 2013 年 1 月第 1 版
2013 年 1 月第 1 次印刷
开　　本： 880mm×1270mm　1/32
印　　张： 9
字　　数： 190 千
书　　号： ISBN 978-7-5438-9052-7
定　　价： 32.80 元

（若有质量问题，请致电质量监督电话：010-84409925）